小书大智慧管理丛书

101条
权威管理理论

THE LITTLE BOOK
OF BIG
MANAGEMENT
THEORIES

[英] 詹姆斯·麦克格拉斯（James McGrath） [英] 鲍勃·贝茨（Bob Bates）—著　　　杨华—译

原书第 2 版 |

U0756665

湖南科学技术出版社

感谢埃亚、迈克尔、海伦、帕特里克、芬巴和塔卢拉。纪念安德鲁·苏亚雷斯（1980—2011）。

感谢瓦尔和我的家人，多年来一直为我的创作提供了极大的灵感。

前　言

面对当下盛行众多的管理理论，如何从中挑选出合适且有效的实用理论已成为管理者们迫切需要解决的难题。甚或，管理者已经找到了很好的实用理论，但又不知如何将这些理论运用在实际工作中，即理论与实践存在差距。如果你现在就面临这样的难题，欢迎你阅读本书。本书不但诠释了良好的管理法则，提供了弥补理论与实践差距的方法，而且无论你是以下哪种管理者，本书都可以为你提供帮助：

■ 如果你是在任的管理者，时间有限，没有机会攻读工商管理硕士（MBA），本书将告诉你什么是最佳、最重要的理论，以及如何在工作中运用这些理论。

■ 如果你是学过管理学的管理者，可能掌握了许多理论知识，但无法将所学理论很好地应用到实践中。

本书简明扼要，没有赘述繁冗的无关信息，仅介绍作为管理者应该掌握的101条关键的管理理论。书中对每种理论进行了总结概述，并用一两页纸的篇幅给出了实践运用的建议。你只需5分钟就可以阅读、理解并运用一种理论。你所要做的是现在，此刻就开始，而不是等到明天或下周再读，现在就试着阅读，也许会得到意想不到的收获。如果你有所担心，比如理解不到位，那么我们赠与你一句忠告：

管理者箴言：失败是管理者为未来的成功所付出的代价。而你唯一可以被批评的失败就是不去尝试。

本书只阐述在现实工作中经过反复验证后的有价值的理论。希望你阅读、理解、反思并运用这些理论之后，能够形成自己的理论体系，并能与任何人进行管理方面的探讨。

本书的七大作用：

权威管理理论可以：

- 让你成为更优秀的管理者；
- 帮助你激励员工并提高你在同事中的影响力；
- 提高你完成工作的能力；
- 帮助你摆脱思维困境，使你有信心实现新的想法、愿景和抱负；
- 为你提供做好晋升准备的关键技能；
- 增长你的个人资本和盈利能力；
- 帮助你明确并掌握自己的管理风格。

本书的内容结构

本书包括十二章。前十一章涉及具体的管理领域，例如激励员工或团队建设。最后一章是各种卓越理论集锦，每一种都可以归入前面各个章节。但是我们把这些理论区分开，因为它们是"多面手"，可以在许多不同的情况中灵活运用。例如，帕累托法则在处理员工问题时非常有效，通过这一法则可以使员工明确谁是重要客户。

通读十二章后，你会发现本书讨论的理论包括两大部分。其中20%能够解决你所面临的现实问题。如果没有理解这些内容，你会发现自己将继续处于与组织的斗争中，并且什么问题都没有解决。另外80%是帮助你提高作为管理者的效率。掌握这些内容，你的可信度将会得到质的飞跃。

每种理论的开头都有一个提示框，告诉你所述理论适用的时机和情况。本书在于抛砖引玉，相信你读完之后能够举一反三，并将所学理论运用在各个领域。每种理论的结尾会提出一些自省问题。许多相同的问题适用于多种理论，我们尽量避免了这种重复。但你可以在多种理论中反复思考相同的问题。所以，读完某种理论后，你还可以将其引申到其他问题上。

各种理论之间存在必然的联系和重叠。我们对每种理论进行编号并做了交叉引用，以帮助你理清这些联系。例如"（请参见理论11）"，你可以参考特质理论这一节；"（请参见第三章）"将引导你进入第三章"如何激励员工"部分。

每一章都有一种理论作为该章的"王者理论"，在本书的结尾，最终获胜的理论被称为"管理之王"理论。最后，我们祝愿你在职业生涯中一切顺利，希望你喜欢本书。

詹姆斯·麦克格拉斯和鲍勃·贝茨

2017 年 07 月

如何充分利用本书

从本质上讲，所有的管理理论都是对其试图解释的复杂现实进行分解和简化。但是，不要期望一种理论能够完全解释正在发生的事情，或者在所有情况下都适用，这就好比用一份伦敦路线图无法游遍整个欧洲一样。理论同样无法说明所有事情。

有时，你可能只需要一种理论来解决问题。但是，更多时候你可能需要结合几种理论或至少结合几种理论的一部分，来解决复杂的管理问题。这种灵活的理论方法的使用能够帮助你针对遇到的问题制定合适的解决方案，而不必局限于现有的解决方案。

使用任何理论时，永远要记住，每个人都有其独特的感受、态度和信念。人不是机器。你不能对每个人都使用相同的理论，并期望得到相同的结果。因此，你需要：

■ 研究管理理论家们多年来提出的各种见解（理论）；

■ 了解如何在实践中使用每种理论，并根据你的组织的可接受范围以及你自己的偏好考虑所用理论的局限性；

■ 观察其他管理者在工作中的做法；

■ 了解你的员工及其工作动力；

■ 抓住每次机会锻炼你的管理技能，并试着使用本书提到的所有理论或部分理论；

■ 勇敢尝试并结合运用各种理论；

■ 做记录，或利用本书的空白处，简要记录你的管理经验，例如：发生了什么？为什么发生？我能采取其他方法解决吗？为什么这种方法在这种情况下有效，而在其他情况下失败了？从这些细微的反思中学习，为将来处理问题找到更好的解决办法。

写反思笔记有助于你内化所学知识。随着你将知识分解为多个部分，这些知识将被逐渐填充到那些无意识的黑暗的累积库中。在那里，这些知识将与你自身的情感、信仰和态度融会贯通，形成你自己的隐性知识库。在需要时，这种无意识的知识会指导你的每一项管理行动和决策，并从中形成你自己独特的管理风格。

目　录

第三章　如何激励员工

第四章　管理者就是教练

第七章　如何管理变革

第八章　战略规划

第一章

如何管理员工

简介

本章介绍了三种理论。第一种来自管理的早期阶段，当时的作者试着确定并描述管理的功能。通过了解这些功能，你将知道应该做什么。第二种理论告诉你如何去做。

这些理论中，没有任何一种理论提到"做真实的自己"［莎士比亚，哈姆雷特（*Hamlet*）］。在管理方面，这表示，如果你试图复制别人的方法，你可能会失败。你必须成为你想成为的独一无二的管理者。但这并不意味着你不能有榜样。你可以通过各种方式验证你所钦佩的管理者的行为。阅读畅销书榜单上公布的管理者传记。但请记住，你不是他们，你和他们的性格、生活经历、培训或技能都不同。因此，你不需要模仿他们的行为。相反，只要采纳那些你认为适合你的想法，然后将其应用到你的组织中去。

本章末尾将介绍从运营管理中获得的第三种理论。在本章介绍此内容旨在提醒你：管理人员不仅仅负责管理，他们还要负责经济、高效且有效地使用组织的无机资源（包括现金、股票和固定资产）。

最后提醒你，在阅读本章以及下一章关于领导的内容时，学者和管理专家们撰写了大量有关管理者和领导者之间差异的文献。其中许多人从事的是与这两种职能完全不同的职业，他们认为领导者比单纯的管理者更特殊、更好，认为两者具有不同的特征，并且在心理上是非常不同的人。事实上，任何拥有管理职位的人都必须将经理人、管理者和领导者的角色结合起来，才能有效地完成工作。

理论 1　法约尔的 14 条管理法则

> 用于提醒你：作为管理者，你必须利用职权确保组织架构和体系的完善，以便有效地管理员工和资源。

亨利·法约尔（Henri Fayol）的 14 条管理法则首次出现于 1916 年的《工业管理与一般管理》（*Administration industrielle et generale*）一书中。自此，雇主、管理者和员工之间的关系就发生了变化。然而，法约尔的见解仍然具有现实意义。

法约尔认为管理者应该：

行使职权。

确保下达统一的指令。

确保组织内有明确的指挥系统。

为所有员工提供统一的领导方向。

管理人力以及其他资源。

强化员工纪律。

通过集中化来协调重要的活动。

通过分工来实现高效。

让自己及其团队的需求与组织的需求相符合。

确保员工得到公平的报酬。

确保平等对待所有员工。

提供最大的工作保障。

激发员工的主动性。

建立团队精神。

学以致用

■ 你有权行使职权并期望员工服从。如果有人未能遵守你的要求，请先记在心里。然后再次提出要求，如果仍有人不服从，再考虑采取什么样的处罚措施（见理论 15）。

■ 任何组织都只能有一位负责人、一个规划和一个愿景。确保员工了解指挥（职权）系统熟悉组织架构以及自身与组织的契合度，并以组织的目标为方向。

■ 在每位员工单线汇报给一位直线经理的基础上组建团队。如果某位员工有两名经理，则会出现工作优先级的争议。

■ 你与员工的关系应该建立在相互尊重、信任、坦诚的基础上。但是，这并不意味着可以不遵守纪律。你必须始终要求所有员工以及你自己遵守组织的行为准则。

■ 员工期待你提供他们完成工作所必需的资源，并且会判断你获取这些资源有多顺利。请提前做好计划，不要让他们失望。

■ 始终将组织的需求置于你自己或团队的需求之上。如果组织不能实现目标，那么你以及你的所有员工都会面临失业。

■ 请勿将工作分为一系列重复的任务。幸运地是，我们总能找到更有效且更高效的工作方式。定期审查团队内的工作分配和工作实践情况。

■ 你的薪水和你的员工的薪水应该与组织中做类似工作的其他人的薪水相当。较大的差异会引起员工的抱怨，破坏团队的合作关系。监测工资水平并在需要时采取措施。

■ 员工希望其经理保持一致性和公平性。避免偏袒，应对每一位员工一视同仁。

■ 新员工需要时间适应。请给他们足够的时间来展示自己的真正价值，然后再对他们的表现做出判断。

■ 鼓励所有员工在明确规定的范围内发挥主动性。

■ 锻炼团队精神的方法有很多。你不必非得选择 2 月份徒步穿越布雷肯灯塔国家公园（Brecon Beacons）。夜间保龄球也许能够达到同样的效果。

问题反思

■ 我对员工有偏袒吗？

■ 我给团队制定的目标与组织目标一致吗？

理论 2　泰勒法则和科学管理

适用于当员工资源紧张并且你需要提高生产率时。

　　弗雷德里克·泰勒（Frederick Taylor）从车间工人做起，一跃成为美国最大的钢铁制造商——伯利恒钢铁公司（Bethlehem Steel）的董事。他与法约尔处于同一时代，但相比管理人员的社交方面，他更关注的是效率。他的著作《科学管理原理》（*Principles of Scientific Management*，1913）巩固了他作为科学管理之父的声誉。

泰勒：

认为管理者的工作是计划和控制工作，并且认为任何工作都有一种最有效的完成方式。

利用时间和动作技术，将每个工作流程分解为多个组成部分，并去除不必要的操作。利用这些原则，他将砌砖工人的劳动次数从 18 减少到 5，并在此过程中节省了时间和成本。他的做法奠定了劳动分工和大规模生产的基础，亨利·福特（Henry Ford）在汽车制造业中成功运用了此方法。

认为确保最高效率的最佳方法是仔细选择和培训员工，并为那些有潜力的员工提供额外的机会。这在大多数工人没有接受过正规培训的时代是革命性的。那时主要是通过在工人的工作台上用粉笔做记号来标志优秀的工人（标杆管理，参见理论 83）。

学以致用

　　■　查看团队中每项工作的完成情况，并提出以下问题：我们是否需要完成这项工作？可以更有效地完成吗？分配给每位员工的工作是否与他们的能力/优势相匹配？员工是否需要额外的培训来提高他们的效率和效果？

■ 决定如何重新分配和组织工作来提高效率、提高生产量并发挥员工的个人优势。

■ 重组后，评估变更效果，并根据需要进行调整。很可能第一次无法成功（请参见理论61）。

■ 定期审查（至少每年一次）员工的工作，以寻求提高效率。如果你认为你发布的报告没有用，请不要询问收件人是否需要。他们几乎肯定会说"需要"。相反，生成报告但不发送出去，看看是否有人迫切需要。如果三个月后仍没有人提出，就放弃它。

■ 进行额外的培训可以极大地提高团队的工作效率。例如，你是否确定团队中每个成员都可以使用计算机系统上可用的所有设施？

■ 请记住，泰勒的观点并不仅仅适用于车间。大多数办公室都普遍存在低效的工作实践。

■ 在进行工作审查时，向更广泛的团队征求意见，看看如何才能更有效地完成任务。

问题反思

■ 团队是否很难在最后期限完成工作，或者有一段时间他们的工作很少？如果是，是否能够改善工作计划？

理论 3　梅奥和霍桑实验

适合与理论 26 结合使用，以确定真正激励员工的因素。

20 世纪 20 年代末，埃尔顿·梅奥（Elton Mayo）及其来自麻省理工学院的团队在通用电气公司（General Electric）所属的霍桑工厂对体力劳动者进行了一系列实验。其结果似乎与当时的普遍看法相悖，并且至今仍然令人感兴趣。

霍桑工厂的研究人员发现：

生产率和工作条件之间不存在相关性。当工作条件恶化或改善时，生产率既未提高也未下降。

从属于某个群体是最重要的激励因素。员工在团队中找到了身份和归属感。他们害怕被团队排除在外，或者害怕自己的工作没做好而令同事失望，并尽一切可能做到"好员工"的样子。这些群体通常是自发形成的，但对成员的行为影响是巨大的。

研究人员和管理层通过与员工交流，征求他们的意见并将他们视为个体而不仅仅是雇佣员工，结果提高了工作效率。由此看来，尊重员工并将员工视为聪明人对待，可以获得意想不到的效果。

学以致用

■ 要认识到，工作条件本身对工作积极性或生产率的影响很小。只有当这些条件低于可接受的水平时，才会使员工失去动力（请参见理论 26）。

■ 了解当员工从属于某个群体时，他们会更有动力，这是一个重要信息。当然，你希望你的员工团结一致，但也鼓励他们组建独立的小团队，因为小团队对员工的影响力更大。这就是英国空军特别部队（SAS）的基本作战团队由四名伞兵组成的原因。

■ 尽可能鼓励小团队之间的良性竞争。每个月为"最佳团队"设立一个没有特别价值的奖杯，以免变成恶性竞争。

■ 既然已经知道管理者与员工多交流可以提高工作效率，那就多走出办公室进行"走动管理"（请参见理论7）。如果有可能，也请高级经理与你的员工多交流，效果更好。这在工作中其实很容易做到。你的老板或主管公布组织的最新战略时，最好不要只有你在场，邀请你的团队一起聆听（前提是不涉及任何机密）。当领导们离开后，你再回答员工提出的所有问题。

■ 每个人都希望被重视。我们醒着的大部分时间都是在工作中度过，我们需要相信这样做是有目的的。因此，要尊重员工，把员工当作聪明的个体，并观察其生产率的提升情况。

问题反思

■ 我对自己的员工了解多少？

■ 我是否鼓励员工与我讨论他们的理想和遇到的问题？

理论 4　德鲁克论管理职能（王者理论）

> 用作你的基本管理信条。你所做的一切都应该基于这些基本准则，否则一切都是绣花枕头，中看不中用。

　　许多人认为彼得·德鲁克（Peter Drucker）是管理学研究中出现的第一个真正的天才。他帮助建立了管理学科，并且比任何人都超前预见了管理学的许多发展趋势。例如，他在 20 世纪 40 年代撰写了关于权力分散化的文章，在 1969 年创造了"知识经济"一词，并在 20 世纪 70 年代讨论了管理者的社会责任。

　　德鲁克用简洁的语言表明了每个组织的目标都是开发和维护客户。他没有谈论利润最大化。他清楚，只有开发和维护客户，组织才能获利，因为客户才是利润的创造者。

德鲁克认为管理者有责任：

设定组织或团队的目标。

提供并安排实现目标所需的资源。

激励员工实现目标。

根据目标监控员工的业绩。

通过不断发展自己和员工来提高业绩。

　　德鲁克对组织目标和管理者职责的深刻理解，体现了组织和管理理论的本质。

学以致用

　　■ 确定客户是谁。问问自己：谁会购买我的商品或服务？如果你与公众打交道，答案可能显而易见，但如果你为组织的其他部门提供服务，这可能会更加困难。

■ 确定客户后，再问问自己：我是否满足了他们的需求？我该怎么做才能提升我提供的服务或产品？（请参见第十章）。根据你给的答案，制订计划，为客户提供最好的服务。

■ 为所有员工设定工作目标。将 80% 的目标设定在员工相对容易实现的水平上。这将挑起员工的成功欲望并激励他们迎接更具挑战性的目标（请参见理论 97）。

■ 监控业绩。建立一个报告系统，显示对目标的执行情况，解释差异产生的原因，并及时生成报告，以便你迅速采取纠正措施。

■ 持续监测达到工作指标所需的物质和人力资源，并在出现问题之前采取措施来弥补任何不足之处。

■ 向员工分享信息并倾听他们的意见，以此激励员工的士气，并增加和他们的沟通（请参见第三章）。

■ 你是自己最重要的资产。投入时间和精力来提高你的技术和管理技能。保持自己的市场竞争力。定期参加面试，当被要求定义管理层或管理者的角色时，请将德鲁克的管理职责当作自己的职责。你的员工是你的第二大资产，因此要开发、培训并支持他们。

问题反思

■ 我是否真的将自己视为管理者并且像管理者那样行事？

■ 我是根据我所做的工作还是通过帮助别人做他们的工作来看待我的工作？

理论 5　麦格雷戈的 X 理论和 Y 理论

用于确定你最接近哪类模式化的管理者，并考虑这对你的行为有何影响，以及员工如何看待你。

道格拉斯·麦格雷戈（Douglas McGregor）指出了管理者对员工所做的两组不同的假设。每组假设都代表了人们的一种极端观点，归纳如下：

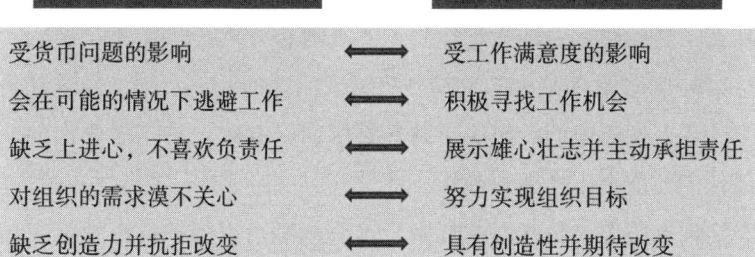

支持 X 理论的管理者认为大多数人……		支持 Y 理论的管理者认为大多数人……
受货币问题的影响	⟷	受工作满意度的影响
会在可能的情况下逃避工作	⟷	积极寻找工作机会
缺乏上进心，不喜欢负责任	⟷	展示雄心壮志并主动承担责任
对组织的需求漠不关心	⟷	努力实现组织目标
缺乏创造力并抗拒改变	⟷	具有创造性并期待改变

麦格雷戈认为，管理者看待人性的态度支配着他们的行为。支持 X 理论的管理者会试图通过严密的监督、严格遵守规则的要求以及惩罚威胁等策略进行严格管理。支持 Y 理论的管理者会创造一个努力得到认可、奖励和表扬的工作环境。

学以致用

■ 现代管理者并不是都接受 Y 理论而忽视 X 理论。因为在实际环境中，你可能不得不面对那些只想通过最少的努力争取尽可能多的收入的员工。

■ 要认识到，如果你选择 X 理论，你的风格将是命令、控制和令人畏惧，你要靠强制性手段（请参见理论 15）、隐性威胁和严密的监督来管理员工。你希望这样吗？

■ 如果你选择 Y 理论，你将会促进合作、奖励和良好的工作关系。但是，你如何对待那些将这种方法视为"少劳多得的便利条件"的员工？

■ 采用介于 X 和 Y 两个极端理论之间的方法，但要意识到在两者之间切换存在一定的风险。员工希望管理者一视同仁（请参见理论 12）。这种切换的方法可能会引起混乱。

■ 对员工的行为设定明确的限制，避免发生混乱。明确你期望员工完全遵守的规则、流程和截止日期。明确不遵守将意味着什么，并始终如一地执行你制定的规则。

■ 使用 Y 理论中的激励方法管理团队的其他活动。经常和员工沟通，倾听他们的想法，并且要明白，有时，员工需要你的信任他们才能把工作做到最好。

■ 始终贯彻执行基本规则。这些规则可以保护你以及组织的安全，避免那些游手好闲的人有机可乘。

问题反思

■ 在一个连续体中，X 理论表示为 1，Y 理论表示为 100，你会把自己放在哪个位置？在这个连续体中，你的员工会把你放在哪里？

■ 结合你的组织文化（请参见第六章），你的方法被接受的程度如何？

理论 6　柯维的《高效能人士的七个习惯》

用于确定你实现目的和目标的策略，以及在此过程中你如何对待别人的哲学。

史蒂芬·柯维（Stephen Covey）的"七个习惯"模型可以分为个人习惯和人际习惯。

个人习惯——为自己工作——是指：

积极主动： 管理者应该以控制工作形势和环境为目标，而非只是坐着观望，任由事情发生。

胸有成竹，目标明确： 管理者应该明确其想要实现的目标。目标一旦明确，必须全力以赴，并不断开展使其目标实现的活动。

把重要的事情放在第一位： 管理者应该优先考虑那些有助于他们实现目标的活动。

不断提高： 管理者也是人。他们需要时间休息调整，改善自身，更新技能。

人际习惯——与他人合作——是指：

双赢思维： 在与员工、客户、供应商甚至竞争对手打交道时，明智的管理者会寻求适合各方的共同立场和解决方案。

先设法理解，然后努力被理解： 管理者应该像医生一样，在开出治疗方案之前要先诊断出问题所在。

协同合作： 当结果大于各部分的总和时就会发生协同合作。例如 2 + 2 = 5的情况，强大的团队合作可以实现这一点（请参见第五章）。

学以致用

■ 积极主动地摆脱困境，努力实现目标。不要坐等事情发生。寻找机会来改善工作形势和环境。

■ 胸有成竹，目标明确。你真正想从生活中得到什么？回想你最初的雄心壮志。你在学校或刚开始工作时想做什么？现在是时候把这些梦想具体化了。将这些记录在纸上，分别作为短期（1 年）、中期（2~3 年）、长期（3 年以上）目标，每实现一条就勾选一项。

■ 重要的事情放在首位，确定哪些工作让你更接近目标。有时你可能必须做其他工作，但是没关系，做完后尽快回到重要的事情上来即可。

■ "磨亮锯子"（意指不断自我提高）提醒你要照顾好自己。找时间放松身心，享受一些闲暇，并提升你的专业技能。

■ 当你与员工、客户甚至竞争对手打交道时，首先了解他们的想法。多倾听，你可以深入了解他们真正想要的东西。

■ 了解他们的需求后，你就能找到一个满足各方需求的双赢解决方案。这个过程可以建立彼此之间的信任，如果将来再与同一个人打交道，会产生更好的结果。

■ 你在相互尊重和公平的基础上建立的关系将会提升协同合作而不是竞争，并可改善未来的结果，甚至超出预期。

问题反思

■ 我对生活有什么要求？我的目标和抱负是什么？
■ 我如何实现我的目标和抱负？我计划怎么做？

理论 7　走动管理（MBWA）

通过走动管理（MBWA）避免与员工产生距离感，并有助于及时了解组织中发生的事情。

　　像许多理论一样，走动管理也是优秀管理者一直在做的事情，就像亚当和夏娃第一次对苹果产生兴趣一样，这种想法无法追其根源。但公平地说，马克·麦考马克（Mark McCormack）和汤姆·彼得斯（Tom Peters）帮助推广了这种方法。

　　该理论很简单。为了避免被孤立，失去与员工的沟通以及掌握组织的日常运营，管理者必须离开办公室，到工厂、商店、工作间或办公室四处走走，听听员工的意见，观察正在发生的事情，掌握组织的实时动态。

通过走动创造以下机会：

与员工建立信任和理解。

聆听员工的意见并考虑他们的工作问题和想法。

寻找可以在组织其他方面实施的良好做法的范例。

寻找不良做法的例子并消除这些做法。

观察其他管理者和主管如何与员工互动。

增加你对业务、员工和产品的了解。

回答员工提出的问题。

亲自了解员工以及他们受到激励/失去动力的原因。

学以致用

　　■　明确你每次走出办公室的目的。例如，了解员工对新工作流程的看法，找出某个特定部门的问题或良好做法，感受员工的士气，也可以推广新的举措（这样的机会极少）。

■ 不要在员工中间多说话。要少说多听，询问员工对工作问题的看法以及在工作中遇到的问题。如果员工表现出紧张，可以花几分钟时间和他们谈论一下足球或昨晚的电视节目，有助于他们放松情绪并打开心扉。

■ 务必兑现你所给出的任何承诺，永远不要承诺任何你做不到的事。

■ 回到办公室后，记下你发现的问题，并分成以下三个类别进行分析：

1. 需要立即采取行动的事情。

2. 可以为你将来采取行动给予参考的信息。

3. 你尚未意识到的关于组织及其流程的实际情况信息。

■ 利用收集到的信息来改善组织的运行状况、实践和流程，并为你做出决策积累信息。

问题反思

■ 我上一次"走出办公室"是什么时候？

■ 我的业务信息来自哪里？它传达给我之前经历了多少层过滤？

理论 8　沃伦·巴菲特论选人之道

用于提醒你：在任命或晋升员工时，需要考虑的员工的性格特点。

毋庸置疑，优秀的管理者能够培养出优秀的员工。如果你拥有优秀的员工，你的工作将变得无比轻松。但是，如果你拥有很差劲或具破坏性的员工，你的生活可能会很糟糕。

世界上最成功的投资者沃伦·巴菲特（Warren Buffet，1930— ）喜欢简单行事；例如，他的投资策略是购买优质股票并长期持有。他对员工的任命采用了同样的简单策略，并建议在招聘人员时要注意以下三点：

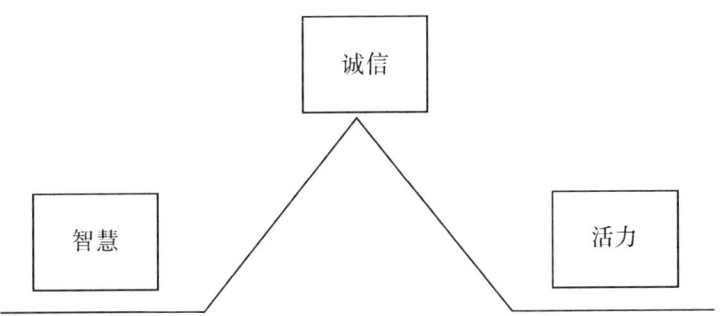

然后，他也给出了忠告。当然，你应该雇用有智慧、有活力的人，但是：

如果员工没有诚信，那么他另外两个特点（智慧和活力）会毁了你。设想一下，这真的会发生。如果你雇用了一个没有诚信的人，你真的（确实）会希望他们既愚蠢又懒惰。

沃伦·巴菲特

诚信是巴菲特考虑的主要因素。如果一个人缺乏诚信，那么他对你和组织都会构成威胁。2008 年金融危机在很大程度上可归咎于高智商和积极上进的银行家们缺乏诚信。

学以致用

■ 尽可能从内部提拔人才。这样的政策可以培养员工的忠诚度，避免你任命无用的人，因为你（应该）了解员工的优点和缺点。只有当你需要新的血液或你的组织中找不到高技术人才时才考虑外招新人。

■ 在面试时，重点关注哪些候选人表现出诚信、智慧和活力。如果你发现某人具有这些特点，那么其他技能上的不足都可以训练。

■ 诚信/正直是最难确定的品质。可以观察这个人如何表现自己。他们是否自信而不傲慢？他们是否认识到他们的不足之处？他们是否为自己的工作和成就感到自豪？如果他们是这样，他们往往不会说，但会暗示你。他们在谈论自己及其团队取得的成就时，是否把全部成果说成自己的功劳？询问他们过去遇到的任何道德困境，以及他们是如何处理这种困境的。所问的问题不一定与工作有关。如果他们想不出一个例子，说明在没有任何行为指导原则的情况下，他们遇到的道德困境较少。

■ 智慧相对容易鉴别。显然，首先要看候选人的受教育程度。但是你或面试小组在与他们交流的过程中，会获得更多证书无法体现出来的东西。他们的答案是否表现出一定的分析能力？他们是否将其回答与你的组织情况联系起来？他们是否考虑到全局以及他们的工作如何适应全局？他们是否对你的组织运营情况提出问题并表现出兴趣？他们是否具有基本常识，或者他们的想法在现实世界中是否可行?

■ 工作活力和热情很容易被发现。只需要问自己一个问题:"我和这个人交流时是否感受到他充满热情?" 如果答案是肯定的,那么其他人可能也会被应聘者的热情所感染。

问题反思

■ 在任命或提拔员工时,我首先要考虑的事情是什么?

■ 我目前的招聘和晋升方式有多成功?

理论 9　迈克尔·哈默论业务流程重组（BPR）

用于提示你：对组织的工作实践进行根本和分支评价的价值。

业务流程重组（Business Process Re-engineering，简称 BPR）是一种旨在重新设计流程和实践以支持组织宗旨、降低成本并提高效率的方法。这是一个复杂且影响到整个组织的流程，我们在简短的篇幅中只能探索其两个关键要素：为实施团队选择合适人员的重要性以及所遵循流程的概况。

麻省理工学院（MIT）计算机科学教授迈克尔·哈默（Michael Hammer）在他的开创性文章《再造：不是自动化改造，而是重新开始》（Re-engineering Work：Don't Automate Obliterate）中提到，一个组织中大部分工作并没有为提供给客户的服务或产品增加任何价值，应该消除这些流程。但是，哈默还指出，这种非生产性的工作往往是首先被自动化的，因此根深蒂固地存在于组织的工作程序中。要想挑战和撤销它们，就需要进行 BPR。

学以致用

■ 第一阶段：在任何 BPR 项目中，都要求高级管理人员认识到 BPR 将从根本上改变组织的运营方式。只有在整个组织支持的情况下，这种变革才能成功。各级管理者、领导和主管必须不断重复他们对该项目的承诺。他们必须传达组织的愿景并消除员工的恐惧。他们必须用可被理解的语言与所有员工和利益相关者进行沟通来实现这一目的（参见理论 55 和 60）。

■ 第二阶段：要求高级管理层组建一个在组织中受到广泛尊

重的实施团队。这个团队的成员要由组织中跨部门的员工组成，应包括高级、中级和初级管理者，还要包括受审核影响的部门的员工，以及来自 IT 部门、财务和客户/用户团队的代表。请记住，最佳人选可能并不总是资格最老的员工。员工信任并寻求建议和指导的团队主管或初级管理者，通常是最有价值的人员。

■ 虽然你必须选入那些熟悉审查流程的人员，但至少要找一个对这些流程一无所知的人，这样的人勇于挑战传统智慧，敢于"问愚蠢的问题"，从而引发新的思维方式。

■ 所选人员必须具备全面考虑问题的能力，像汉迪提出的"直升机"心态（请参见理论 11），能够超越自己狭隘的优先级，从整个组织的角度来找到问题和解决方案。

■ 将团队规模保持在 12 人以下。如果超过了，项目管理会出现问题。团队和项目经理要以竞争优势和经济效率增益的形式实现变革。你不希望它因内部管理问题而陷入困境。

■ 团队建立后，要明确设定其职责范围和汇报线结构，然后就可以开展项目工作了。使用如下所示的四个阶段流程来明确和实现所需的变革。

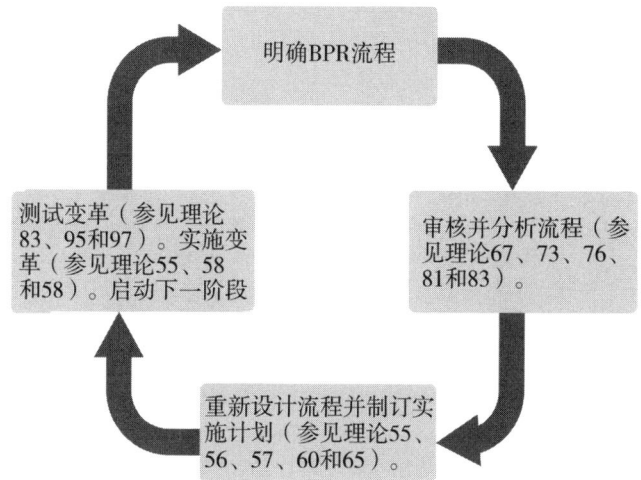

■ 如果取得的结果不尽如人意，请重复此过程，直到真正实现改进才进入下一流程。

■ 参考第五章的团队管理理论，以深入了解如何管理、激励并支持小团队。

问题反思

■ 你的组织是否进行过 BPR 演练？是否确实需要？

■ 你在 BPR 演练中展示了什么技能？

理论 **10**　准时化生产

我们通常认为，准时化生产（Just-in-Time，简称 JIT）是日本人在 20 世纪 70 年代发明的。事实并非如此。美国帝国大厦建于 1931 年至 1932 年，是 JIT 建筑的典型案例。当时纽约市政府反对建筑商在施工现场存放材料，以防阻碍第五大道的交通。为了解决这一问题，在没有计算机的情况下，建筑师安排了所有材料的交付时间，这样材料送到时就可以从卡车上卸载并立即安装到建筑物上，避免了材料的堆积。在施工高峰期，每隔十分钟就会有卡车到达建筑工地外面！

JIT 最初指的是按时、按标准生产商品或提供服务以满足客户的需求（请参见第十章）。多年来，它的意义逐渐变成持续改进和消除浪费。本文介绍的就是 JIT 的后一种意义。

学以致用

■ 我们应该减少/消除七种浪费。它们是：

——存储成本：这些可能是真实存在的，例如建立库存控制和安全系统的费用或机会成本。

——存储期间因损坏、被盗、变质而产生的库存浪费。

——生产过剩导致未售出的商品堆积，以及利润更高的活动无法进行。

——处理低利用率材料产生的废物和/或产品缺陷产生的废物。

——商品生产过程中的移动浪费：包括执行不必要的任务，

例如填写表格或在生产过程中不必要地四处移动。

——频繁的小量交货和/或急需获取材料或出现生产停滞时产生的运输浪费/成本。

——由于必要材料延迟或未交付而导致的生产延迟。

作为管理者，你需要检查每种废物的来源和设备的处理方式，以避免上述问题的发生或减少发生频率。

■ 你可以考虑采取以下方法：

——引入"好管家"政策：这包括确保工作场所保持整齐、有序、清洁、规范和有秩序（请参见理论82）。

——参考行业内外的类似职能，为你的做法寻找衡量标准，并将最佳实践应用于运营中（请参见理论83）。

——定期使用石川馨的鱼骨模型（请参见理论81）来分析你的生产流程，识别缺点和缺陷；不要等问题变得明显，要在问题成为问题之前使用石川馨的方法发现并纠正问题。

——探索实现最佳生产运行的理想批量，并考虑采用多技能的生产方法；研究表明，与单一技能员工相比，多技能员工的工作满意度、动力、生产力和灵活性更高（请参见理论26）。

——使用具有一定自动化功能的机器，这样就可以让员工做一些更具生产力的工作，而不仅仅是"看管机器"。

——在设计任何体系/流程时，确保每个阶段都是对前一阶段工作的检查；通过这种方式，可以在生产过程中发现错误，而不是到最后才发现，因为到那时再采取有效的纠正措施为时已晚。

问题反思

■ 你多长时间审查一次团队的生产流程？

■ 你可以将哪些组织的生产流程作为参照标准？

管理理论总结

为什么德鲁克理论被誉为王者理论

爱因斯坦提交他的 6 页博士论文时，他的考官对他的观点印象深刻，但要求他"再多写一点"。于是他把论文拿回去，思考了一个星期，增加了一句话，然后重新提交了论文，这次通过了。

一个理论不一定需要长篇大论或者多么复杂。德鲁克用 75 个单词总结了组织的目的和管理者的角色。在过去的 60 年里，这个简短的描述一直是他的管理思想和写作基础。他甚至不需要增加任何语句。

读完本章，你会发现管理理论往往是矛盾的：作者甚至无法确定这是否能更好地在无形之中激励员工，或者很好地保护他们。但这没关系，因为人和情况是无限变化的，你不能指望一种方法对每种情况或所有人都有效。

永远记住你是管理者而不是行政官。你的工作是组织和协调员工的工作，而不是填写表格。如果你刚成为管理者，你必须像管理者一样行动、思考和交谈。回想一下，这就是德鲁克所说的管理者的角色。这是你的职位描述，它说明了从初级经理到总经理的工作性质。每当你发现自己在非管理任务上花费了太多时间时，就需要重新评估你的优先事项。

最后，一些管理者认为自己的观点比其他人都重要。请记住：你有两只耳朵和一张嘴，聪明的管理者会均衡地使用它们。

第二章

如何领导员工

简介

什么是领导？"领导"表示"事先指导"（《朗文新通用词典》）。因此，可以肯定地说，领导是将一个人从当前的位置带到其他地方的过程。这个过程可以是实质性的，比如摩西带领以色列人离开埃及；也可以是精神层面的，比如领导者转变员工的态度。但无论是哪种，都涉及变化。如果你要成为领导者，就必须做出某种改变。因此，领导者要做的就是：改变。

然而，领导者如何进行改变？有一点是清楚的：他们不能靠自己做出改变。他们需要别人的帮助。这就将领导转变成一个过程，包括影响他人，使其为实现你的目标而努力。领导不是靠权力或武力，而是靠影响力。你肯定不希望带领一群被强迫征来的士兵，而是希望带领一支志愿者队伍。

本章内容大部分按时间顺序排列，只有特质理论是在 1930 年以前提出来的。有些理论是我们熟知的，例如赫塞和布兰查德的情境领导理论；也有些可能不太熟悉，例如领导-成员交换理论。

无论你决定采用哪种理论或哪些理论，如果你要使员工相信你是值得跟随的领导，你就必须始终展现出一个特征——自信。如果你本身就对自己的能力或领导方法缺乏信心，为什么别人要信任你呢？所以，始终表现出自信和乐观是至关重要的，尤其是你害怕的时候。不要过分在意你的感受，你的员工或追随者对你的看法才是重要的。许多伟大的领导者都曾苦恼于神经紧张和自我怀疑。事实上，可能只有疯狂和狂妄自大的人才不会自我怀疑。优秀的领导者总是能够面对各种恐惧并战胜它们。

理论 11 特质理论

> 用于确定：当你希望被视为一个领导者的时候，你需要始终展现出来的关键特质。

特质理论的起源尚不清楚，但其目的很简单，即明确区分领导者和追随者的本质特征。遗憾的是，一个多世纪以来开展了各种研究，均未能总结出一份最权威的领导者共有的特征清单。虽然这方面失败了，但这个理论仍然很受欢迎，因为人们仍浪漫地认为：领导者是一类特殊的人群，具有值得人们追随的特殊特征。任何希望被视为领导者的人都需要具备以下几个（不一定是全部）特征。

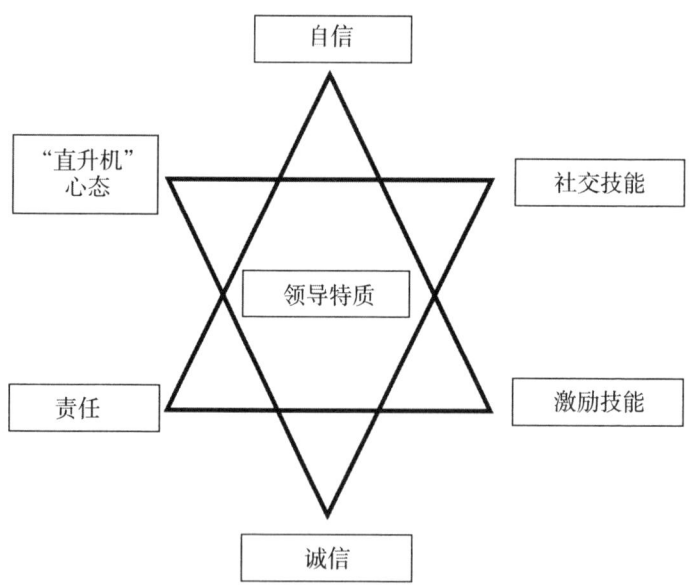

特定部门也可能必须具备一些特质，例如在武装部队、警察

或消防部门，良好的体力是很重要的；而在大学，学术能力是必不可少的。

学以致用

■ 寻找机会向你的员工和老板证明，你具备成为一名领导者的必要特质。

■ 始终充满自信，特别是在你害怕的时候。不要过分在意自己的感受。重要的是别人如何看待你。

■ 你没有必要在社交中成为一个健谈的人。在任何对话中，鼓励别人说话，并积极倾听。这样做，人们会认为你很善于交际，你也会从中获得有价值的信息。

■ 以身作则才能激励员工：展现对团队工作的热情，并想办法让员工为自己的工作感到自豪（请参见第三章）。

■ 人们都愿意追随他们所信任的人，所以行事要以诚信为本，并证明你不会为了实现自己的抱负而牺牲任何员工的利益。

■ 在你及你的团队犯错时要主动承担责任。不责怪别人，不推卸责任。

■ 要成为领导者，你需要具备一定程度的智商。但不要把自己当成天才，人们很少追随天才，因为他们不相信天才可以理解他们的问题。克林顿总统具有天才级智商，但在与公众交谈时，他喜欢被人看起来只是一个"好老头"的样子。这样为他赢得了很多选票。

■ 在考虑问题或做决定时，请遵循查尔斯·汉迪的建议，即像直升飞机一样从自己团队的狭隘利益上起飞，在整个组织的最大利益层面进行思考，然后做出决策。如果能始终做到这一点，你就会脱颖而出。

■ 明确并证实任何特定部门的相关特质。

问题反思

■ 如何才能清楚地了解员工、同事和管理层对我的看法？我怎样才能建立积极的环境，并消除评价对我造成的负面影响？

■ 每位员工是否都接受过如何开展当前工作的培训？

理论 12 密歇根大学和俄亥俄大学的领导行为研究——基本风格理论

用于确定你固有的领导风格——你是以任务为导向还是以人为导向的领导者?

20 世纪 40 年代,密歇根大学提出,领导行为可以被描述为以人为导向或以任务为导向。以人为导向的领导者注重与员工保持良好的关系,并认可参与式和民主性的领导方式。

以任务为导向的领导者更关心结果和产出,而不是员工的感受。他们是目标驱动型、指令和控制型领导。这类领导很少听取员工的意见。

密歇根大学将这两种原型描述为处于同一连续体的两个端点。这表示领导者可能只关注人或只关注任务的完成,而不是两者兼顾。

俄亥俄大学发展了这一基本理论,并认为员工导向和任务导向并不存在于同一个连续体中,而是存在于两个独立的连续体中,每个连续体都是从低到高。这表示一位领导者可能是四种领导风格中的一种。

领导者的领导风格包括:

- 对员工和任务都高度关注;
- 高度关注员工但较低程度地关注任务;
- 较低程度地关注员工和任务;
- 较低程度地关注员工但高度关注任务。

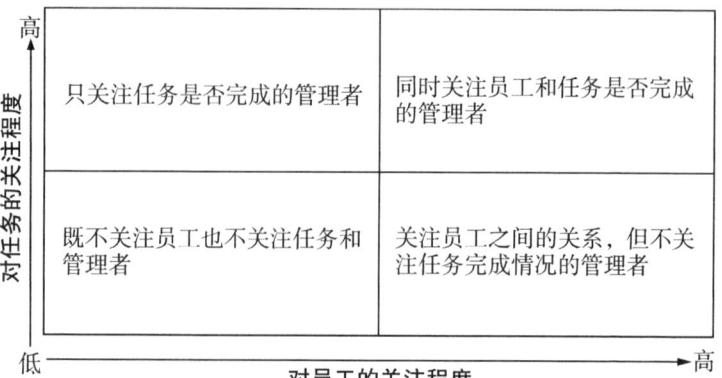

学以致用

■ 如果你目前更关注工作的完成而不是员工，无需放弃你对绩效的驱动和渴望，但要增加对员工幸福度的关注。

■ 花时间了解员工，改善与员工的关系。在开始工作之前，与他们聊几分钟。你会发现这样对改善工作氛围具有惊人的作用。

■ 让员工参与讨论如何安排和组织工作，以此作为让他们拥有目标并实现自我监督的手段（请参见理论 5 和 26）。

■ 如果你目前强调的是员工的需求而不是完成工作，那么请问自己：我的员工是否具有足够的生产力？如果答案是"否"，那就转换成以任务为导向的领导方式。

■ 首先要认识到你不是员工的朋友、顾问或心理医生。你是他们的经理，尽管你可以和他们保持友好关系，但付给你钱是为了确保他们做好自己的工作。

■ 为所有员工设定少量的关键目标和完成期限，并强调他们必须实现这些目标。一旦员工接受了这些目标，就要持续进行下去，直到你对员工和任务具有同等的关注程度。

■ 始终以坚定、公平、友好和支持的态度行事。有时候你不得不要求员工尽最大的努力，但是他们并不愚蠢，他们知道什么时候一项工作很重要或者很紧急，如果你和他们有良好的关系，他们就不会让你失望。

■ 当你对任务完成不太关注或对你的员工欠缺管理时，也可以运用该理论。

问题反思

■ 我是否在发出指令或下达命令时缺乏信心？或者我是否在员工面前表现得很挑剔？

■ 我是否需要参加自信培训？

理论 13 布莱克和莫顿的领导方格理论

用于确认你偏好的领导风格，同时让你知道可以根据情况需要改变自己的风格。

布莱克（Blake）和莫顿（Mouton）的理论以基本风格理论（请参见理论 12）为基础，形成了他们自己的领导方格理论。方格理论确定了领导者对工作（以任务为中心）和员工（以人为中心）的关注程度，包括五种领导风格。

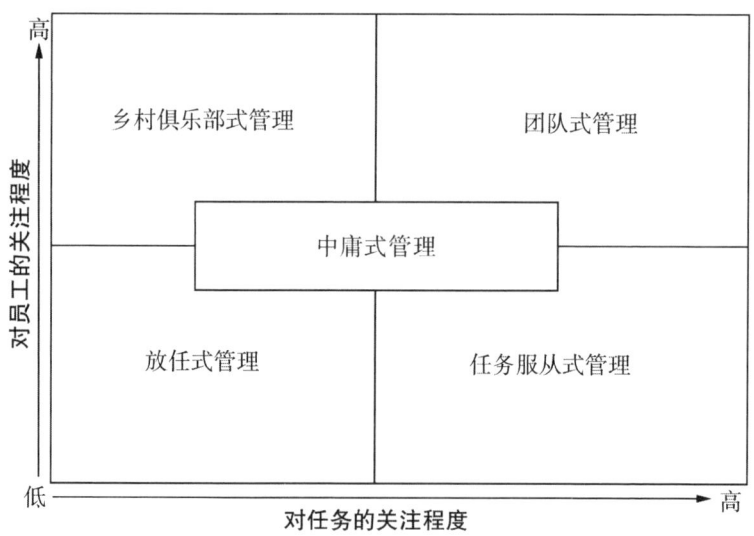

■ **乡村俱乐部式管理**：领导对任务的完成情况不太关注，但高度重视员工的社会需求。

■ **任务服从式管理**：领导者几乎不关心员工的需求。他们极其关注任务/目标的完成情况。

■ **中庸式管理**：领导者乐于妥协。他们要的是满意，而不是最大程度地提高员工的幸福指数和生产力水平。

■ **放任式管理**：领导者对员工或任务给予较少的关注。他们信奉的是尽力而为。

■ **团队式管理**：领导者认为高水平的业绩和良好的员工关系都是必须的。布莱克和莫顿认为这是所有领导者都应该采用的方式。

学以致用

■ 完成布莱克和莫顿的领导调查问卷（可在网上下载），确定你固有的领导风格。

■ 如果你是团队式管理者，那太好了。但要注意，你需要表现出坚定和在乎，而不是慌乱和讨好。

■ 如果你是乡村俱乐部式管理者，这种方式可能在经过一段特别艰难的工作期之后比较适用，但不能无限期地持续有效。最终，你必须更加重视任务的完成情况（请参见理论 12）。

■ 如果你是中庸式管理者，布莱克和莫顿的理论可能对你没有很大用处。但是，期望员工持续不断、竭尽全力地工作是否现实？实现这种期望的良好策略是使员工的工作量级别保持在 80%～90% 的范围内，并且能够在需要时达到 90%＋。某种方法在你的组织内是否被接受，只有你可以决定。

■ 如果你是一位注重完成任务的任务型管理者，那么你的方式显然适用于危险期或极端压力期。但是，如果这是你的固有姿态，那么你应该努力在工作和人员关注之间达到更好的平衡（请参见理论 12）。

■ 如果你是一位放任式管理者，那么要么是你进错了组织，需要换工作；要么是你对管理没兴趣，在这种情况下你需要换职业。

■ 要明白，单一的风格并不是在任何情况下都适用。因此保持灵活性，使你的管理风格适应不断变化的环境。

问题反思

■ 在我的组织中，最受尊敬/成功的领导者采用了哪种领导风格？

■ 我的领导风格是否体现出组织中最普遍的风格或是与之相冲突？

理论 14　赫塞和布兰查德的情境领导理论（王者理论）

适合每次为员工安排新任务后，与他们共同工作时使用。

如果你曾参加过针对中层管理人员的领导课程，你可能很熟悉肯·布兰查德（Ken Blanchard）和保罗·赫塞（Paul Hersey）的情境领导理论。该理论被培训师广泛使用并且深受管理者们的欢迎，因为它为如何领导员工提供了明确的建议。

基本理论认为，作为领导者，在与一名员工打交道时，你需要同时提供指导和支持。指导包括向人员提供有关如何完成任务/工作的详细说明，即告诉他们如何完成工作。支持要求你提供完成任务/工作所需的鼓励和个人支持，即告诉他们你认为他们可以完成工作。

你可以采用的四种方法有：

教练式： 提供高水平的指导和支持。

指导式： 提供高水平的指导，但较低水平的支持。

支持式： 提供高水平的支持，但较低水平的指导。

授权式： 提供低水平的支持和低水平的指导。

这里需要重点强调的是，从指导到授权的线性方式的模式不会令追随者得到成长。在授权每个新任务时，领导者的角色是确定员工成功完成新任务所需的支持类型（如果有的话）。

学以致用

■ 你需要知道并了解为你工作的人才能有效使用情境理论。

现在就开始收集相关信息吧！

- 明确你需要员工完成的任务。

- 通过你对员工的了解、他们的经验、现有的工作量和优先顺序来选择一个人做这项工作。我们举个例子，比如这个人是查理。

- 初步判断你将选择四种方法中的哪一种来领导查理。

- 与查理讨论工作内容。鼓励他提出问题，并确定他完成此项工作需要你提供哪些信息或支持。

- 提出开放和封闭式问题来评估查理对任务的理解程度及其对完成工作的信心。

- 根据答案，确认你认为查理适合该任务的初步判断是否正确。如果有疑问，请谨慎行事，并选择一种可用的方法，以便在需要时提供额外的支持。

- 授权任务并说明完成的截止日期。监控进度。如果需要，安排定期会议以讨论进度。如果采用了授权方法，此类会议可能只需要几分钟；但是，如果使用了指导方法，则可能会持续更长的时间。

- 无论使用哪种方法，都要让查理明白：如果出现任何问题，你可以提供帮助。

- 成功完成任务后，对查理的工作表示感谢，并使用任何领导者都可用的三个最具激励性的字："做得好"（请参见第三章）。

- 处理整个团队的工作时也可以采取这种方法（请参见第五章）。

问题反思

- 我在授权任务方面是否做得好？我是否只将任务授权给了一两位信任的员工？

- 我有勇气/信心相信我的员工吗？

理论 15　伯恩斯的交易型领导理论

当员工需要被说服才能遵守你的要求时，可用此理论。

"交易型领导理论"这一术语是由詹姆斯·麦格雷戈·伯恩斯（James MacGregor Burns）推广开来的。他描述了领导者和追随者、管理者和员工以及父母和孩子之间的关系是如何发展的，就像亚当从一个穿着短裤的小伙子长大一样。

伯恩斯的理论描述了领导者和员工之间经常进行的日常交易过程。他明确了管理者可以使用的两种截然不同的策略。

建设性交易发生的情况	纠正或强制性交易发生的情况
领导者向追随者给予激励，使其遵守他们的要求。例如，"如果你今晚工作，你可以在周五下午休息"。	当员工拒绝合作或者员工未能停止某种行为时，领导者会威胁他们。例如，"如果你再这样做，我保证你下个月没有加班费"。

伯恩斯认为，领导者可以利用的诱因和威胁范围几乎是无限的，并不仅限于经济奖励或惩罚（请参见理论 26）。

学以致用

■　确定权力/权限的限制（请参见理论 85 和 86）。作为领导者，你履行承诺或威慑的能力至关重要。你必须两者兼具，否则你将失去可信度。

■　找出什么能激励你的员工。了解激励或打击追随者的各种因素是必要的（请参见第三章）。但因人而异。你需要明确你的追随者真正重视什么，恐惧什么，并在协商过程中使用这些信息。

■ 上述信息的收集工作必须持续进行。从你入职当天开始，一直到你离开当前职位时结束。

■ 从建设性交易开始。一个自愿的志愿者总是胜过那些被迫工作的可怜虫。

问题反思

■ 如果我经常参与建设性交易，员工会感觉我软弱或期望他们所做的一切都得到回报吗？

■ 采用强制性交易的方式对合作程度和团队精神有什么影响？

理论 16　豪斯的魅力型领导理论

用于提醒你：即使你不具有超凡魅力，也应该始终为你的员工做出榜样。

魅力型领导理论在确立以前已经在大众的思想中存在了很长时间，罗伯特·豪斯（Robert House）于 20 世纪 70 年代期间明确了这一理论。他认为，人格魅力是一种特别强大的性格特质，只有少数人拥有这种特质，这使其成为许多人心目中的领导者。典型的魅力型领导者及其追随者分别具有以下特征：

魅力型领导者是其追随者的角色榜样，并且：

根据他们的道德信仰来提升意识形态。

展示出吸引追随者并希望他们采纳的信仰和价值观。

向追随者展示诚信和能力。

展现对追随者的信心，以便克服障碍，进而实现"宏伟目标"。

有意识地建立追随者的自信和能力。

魅力型领导者的追随者认可其领导者思想意识中的信任和信仰，并且：

表现出对领导者的忠诚和服从。

明确领导者和他/她的目标。

将领导者视为一个值得他们爱戴、感激和尊重的人。

领导者和追随者之间建立的这种密切关系使他们成为一个具有共同目标和目的的集体，他们都是不可或缺的一部分。追随者通过努力实现领导者的目标并试图使他/她满意来展现自己的能力，同时自身获得满足感。

学以致用

■ 请记住，在旁观者的眼中，人格魅力是：你不一定有，但别人认为你有的东西。

■ 真诚待人，并评估你认为自己具有多少魅力。这很难做到，最后的结果可能就像意识到你永远不会为西布罗姆维奇足球俱乐部（West Bromwich Albion）效力一样。事实是，你可能不像豪斯或韦伯（Weber）那样具有超凡魅力（请参见理论 86）。但是，这并不意味着你不能应用魅力理论的各方面知识。

■ 确定你的原则。这很难做到。最简单的方法是提出问题：什么事情会导致我辞职？任何其他"所谓的原则"只是你采取的立场，直到它们变得不方便时，你才要对它们做出改变。

■ 做员工的榜样。通过你的行动展示你的信念、原则和价值观。不要说教；相反，你要表现出良好的幽默感、诚实、公平、准时、愿意倾听、努力工作以及对员工真诚，这样他们才会尊重你。

■ 遵循黄金法则："己所不欲，勿施于人"。做到这一点，你将赢得人心，并得到员工、同事和高级管理人员的信任。正直、诚实并不表示你是一个"好欺负的人"。随波逐流比坚持自己更容易。

■ 大多数人缺乏自信（请参见理论 11）。员工需要有人信任他们。给予这种信任，员工会钦佩你并为你带来意想不到的惊喜。

问题反思

- 我认为谁是魅力型领导者？我钦佩他们哪些特征？
- 我是否具有相同的特征或是否可以培养这些特征？

理论 17　伯恩斯的变革型领导理论

通过将员工的目标与你和组织的目标保持一致来激励他们。

詹姆斯·麦格雷戈·伯恩斯提出了基本的变革型理论，后来由巴斯（见理论 18）、本尼斯和纳努斯（请参见理论 19）进行了扩展。如要了解这个成熟的理论及其运用方法，请阅读本章以及后续两种理论。

伯恩斯是一位政治社会学家，重点关注政治家如何吸引和激励他们的追随者/投票者。他确定了两种政治领导行为。交易型政治家会向人们许诺对他们进行投票的回报，例如减税（请参见理论 15），而变革型政治家能够迎合选民更高层次的期望和需求，例如奥巴马喊出的口号是"我们一定能"（请参见理论 17~19）。

伯恩斯的基本见解是：

在领导者能够唤醒人们更高层次的需求之前，他们必须明确并理解人们的信仰、梦想和抱负。只有这样，他们才能将其思想综合起来或塑造成吸引目标受众和追随者的信息。

伯恩斯强调，真正的变革关系并非基于剥削或操纵，而是基于信任和诚信，这不但可以提高双方的积极性和道德水平，还可以促进彼此的个人成长和发展。

伯恩斯认为变革型领导可以管理一个人，也可以管理几千人。

变革型领导以一种其他理论所没有的方式处理领导者和追随者之间的关系。

学以致用

■ 如果你想使用变革型领导理论，首先要找出让员工对你认可的因素。

■ 通过走动管理（MBWA，请参见理论 7）、绩效考核会议、团队会议、日常对话以及非正式的员工观察，塑造集他们的性格、兴趣、抱负和信仰于一体的蓝图。

■ 确定共同的抱负、信念、观点和愿望。如果你管理的员工数量较多，你可能必须使用抽样的方式来处理这些问题。

■ 一旦你了解了员工对工作的期望，你就能以清晰明确的方式总结你要传达的信息，这样他们就可以在你的议程和他们自己的需求之间建立起联系。

■ 请不要忘了，以前的广告格言是："大多数人都不知道自己想要什么，直到有人告诉他们。"作为一个变革型领导者，这就是你必须要做的事情，为追随者提供他们一直想要的东西，但只有在你展示出来时他们才会意识到。

问题反思

■ 如果在我的组织中使用变革型领导理论，我需要做些什么才能使我的团队目标与组织的使命和价值观保持一致？

■ 如果没有完全采用变革型领导理论，那么这种理论的哪些方面我可以用在团队中？

理论 18　巴斯与变革型领导理论

用于确定你需要展示的价值观和信念，以便被视为变革型领导者。

伯纳德·巴斯（Bernard Bass）在伯恩斯的工作基础上，形成了一个扩展的、更详细的变革型领导理论。

巴斯定义的 4 个 "I"：

理想化影响（Idealised influence）是指魅力（见理论 16）。它描述了一个看起来独特、是追随者的榜样、具有强烈的伦理和道德价值观的领导者。追随者渴望成为这样的领导者，并希望跟随他们。

鼓舞性激励（Inspirational motivation）是指变革型领导者如何为追随者设定高标准和期望，并对追随者达到或超过目标的能力表现出绝对的信心。

智力性激发（Intellectual stimulation）是指变革型领导者如何鼓励追随者不仅质疑自身的信仰和价值观，还要质疑领导者的信仰和价值观。巴斯认为，通过这种严格且开放式的考验，可以发现个人成长、创新和创造的机会。

理想化考虑（Idealised consideration）是指变革型领导者如何倾听其追随者的需求和问题，并充当指导者、导师和教练，以便让每位追随者更接近自我实现的目标（请参见理论 23）。

学以致用

■ 理想化影响与魅力有关（请参见理论 16）。无论你多么有魅力，你必须为你的追随者塑造良好的行为和强烈的伦理和道德价值观。要言行合一。公平对待所有员工，并真诚地与你联系的每个人打交道。永远不要牺牲任何人的利益以促成你的事业。这样做会得到员工的尊重。

■ 通过制定高标准激励员工（请参见第三章），并表明你相信他们能够应对任何挑战。每个人都需要有人相信他们。如果你提供这种信念，员工将会竭尽全力满足你的期望。当他们达到目标时，他们会记住是你点燃了他们希望的火种。

■ 智力激发对许多领导者来说是一个难以接受的概念。它要求你挑战自己的观点和信仰。要愿意接受来自各方面的好的想法，并在你的想法和建议受到挑战时愿意接受员工的批评。发生这种情况时不要存有戒心，而是要反思自己说过什么，并确定批评是否合理。

■ 通过理想化考虑，要回过头来了解你的员工并对他们的需求作出回应，而不仅仅是考虑你自己的需求（请参见理论 17 和 20）。作为员工的指导者、导师和教练，你要使他们的才能得以提升和发展，从而为组织创造效益。

问题反思

■ 如果员工质疑我的观点和想法，我感觉舒服吗？

■ 我将采用哪些策略来应对这些挑战？

理论 19　本尼斯和纳努斯的变革型领导理论

用于根据价值观和信念，而不是管理层的言论来为你的组织制定愿景。

在对一系列领导者进行访谈后，沃伦·本尼斯（Warren Bennis）和伯特·纳努斯（Burt Nanus）确定了领导者在尝试改变组织时应采用的四种策略。这些策略如下图所示。

策略 1	为组织制定清晰易懂的愿景
策略 2	通过改变组织文化，充当组织的社会架构师
策略 3	通过明确价值观和观点，在整个组织中建立信任
策略 4	明确自己的优点和缺点，并鼓励追随者也这样做

学以致用

■ 为团队制定清晰的愿景。你制定的愿景必须简单、易懂、有价值，并且在经营组织的前提下，与组织的总体目标保持一致。

■ 确定现有的组织文化（请参见第六章）是否支持或阻碍你实现愿景。如果阻碍了愿景的实现，并且你的愿景与组织的愿景一致，那么你完全有权力将其替换成一种可以反映组织愿景的组织文化。着手此类变革需要周密的计划（请参见第七章）。

■ 通过明确你的价值观、观点和立场，与员工建立信任关系，即使在艰难时也要坚持这些。这种行为的一致性可以提高员工对你的信任，从而非常容易实现组织文化的变革。

■ 变革型领导者了解自己的优势和弱势。他们没有表现出任何虚伪的谦虚或骄傲；他们强调自己的优势，并通过他人的优势来弥补自己的弱势。你必须采用同样的做法。

■ 发挥自己的优势，并接纳那些在你较弱的领域表现出色的优秀人才。说"我不明白"不代表这就是你的弱势。只有自作聪明的人才会假装明白，然后用他们所说的每一个字来表现自己的无知。例如，我在公共部门工作时的首席执行官，他不知道现金和利润之间的差异，但他也不会寻求帮助。

问题反思

■ 我需要谁的支持来进行文化和组织变革？

■ 谁有可能阻止文化和组织变革，我该如何处理？

理论 20　当斯罗、格雷恩和哈加的领导-成员交换理论

如果你希望与团队中的每个成员建立密切的工作关系，确保他们对你忠诚，并且只对你忠诚，可用此理论。

当斯罗（Dansereau）、格雷恩（Graen）和哈加（Haga）的理论不同寻常之处在于，它既描述了领导者的所作所为，也提出了他们应如何行动的策略。领导-成员交换理论（Leader Member Exchange，简称 LMX 理论）建议，领导者应该尝试与所有员工建立密切的工作关系。

实现这一目标，领导者需要经历的三个阶段：

第一阶段——陌生阶段：在这个阶段是经理和员工的关系。这种关系是由按照职务描述工作的员工和观察其潜力表现的领导者来界定的。

第二阶段——了解阶段：如果确定了潜力，领导者会请该员工承担额外的工作和责任。在此阶段，领导者会评估员工是否具备成为圈子正式成员所需的条件。

第三阶段——成熟合作阶段：如果领导者对该员工的表现感到满意，员工将被邀请加入这个圈子。通过承担额外的责任并表现出对领导者的忠诚，他们可以获得更多向领导者表现的机会、更有趣的工作以及更多培训和晋升的机会。

那些不在圈子内的员工都属于圈外人。

LMX 理论的优势在于，它可帮助领导者建立一个强大而忠诚的追随者团队。追随者的担当和忠诚度可以提高生产力和团队凝聚力，可以更快、更轻松地实现工作指标和目标（请参见第五章）。

学以致用

■ 决定是否要使用 LMX 理论。许多人认为这是一种缺乏职业道德的领导形式，任何被管理者置于圈外的员工都注定是失败的。但是，如果所有员工都有同样的机会加入团队，LMX 理论本身就失去了公平性。

■ 确定你可以为员工提供什么来换取他们更加努力的工作，并对你表现出更多的担当和忠诚。可能是一个通道——享有更多向领导者表达或讨论观点和想法的机会。

■ 不要公布你将采用 LMX 理论进行管理或宣传加入这个圈子的好处。而是通过行动向个别员工说明这种好处。其他员工会很快意识到正在发生的事情。

■ 几乎可以肯定的是，你能够确定一些已经超出预期工作范围的员工。从这些员工下手，然后逐渐向外扩展。

■ 随着员工开始认识到成为圈子成员的好处，许多人都会希望加入。请确保所有员工都有同样的机会，但只接纳那些通过工作态度证明其愿意进入一种更紧密的工作关系的员工。

■ 如果你拒绝那些缺乏工作担当的员工加入，那么这是公平的，但是，如果仅仅因为你不喜欢某个员工而排除他，这对该员工是不公平的。

问题反思

■ 我对这个不全是由朋友组成的圈子有信心吗?
■ 我如何处理与圈外员工的关系?

理论 21 德鲁克论为什么结果造就领导者

> 用作衡量领导能力的唯一的真实指标。

彼得·德鲁克（Peter Drucker，1919—2005）从来不害怕激起众怒，他总是"逆流而上"。虽然许多作者都在表达好的管理者必须具有超凡的魅力和变革能力，但德鲁克还是冲破了这种说法提出了自己的观点：

> 有效领导不是指发表言论或被人喜欢；领导是由结果而非态度来决定的。
>
> *彼得·德鲁克*

事实上，德鲁克认为管理者是由其所取得的成就来决定的。如果你取得了出色的成绩，人们就会认为你是一位好的领导者。他们甚至会开始分析你的领导风格，试图找出你成功的秘诀，并提供给他人采用。

学以致用

■ 你无法要求人们称你为光荣领袖，除非你有军队和秘密警察的支持。领导者的头衔是由追随者们赋予的。如果要吸引追随者，你就必须展示出你的成就。一旦大家看到你的非凡成就，他们就渴望与你以及你所做的工作建立联系，因为他们也希望参与比自身更重大的事业，这就是所谓的成功。

■ 管理预期。始终给自己留有余地，然后提前完成工作。永远不要接受不切实际的截止日期，这会让你无法完成工作。相反，你可以与老板商量截止日期。例如，老板要求你运行一个项目，他说只需要 6 周时间。此时你要争取时间，你可以说："可以先给我几天时间想想如何处理这件事吗？"通情达理的老板对此都不会反对。然后你要充分评估这项工作，并确定需要多长时间完成。如果你的评估结果是需要 7 周，那么再次回复老板时说，你需要 8 周。最后，你用 7 周的时间完成工作。这样你就是那个提前一周完成工作的管理者，而不是推迟一周完成工作的管理者。

■ 如果截止日期是固定的，你仍然要争取时间，要审查项目中包含的工作量。确定在可用的时间内完成 80% 以上的工作（参见理论 91）。通常，这足以满足组织的要求。然后可以在截止日期之后交付项目中不太紧急的部分。

■ 对于所有目标，无论是指定给你的目标还是你为员工制定的目标，都使用 SMART 标准来描述并定义（请参见理论 97），即每个目标必须是具体的、可衡量的、可实现的、切合实际的和有时限的。

■ 与员工定期召开审核会议，以监控每项目标的进度。如果与预期存在显著的负面差异，就要采取纠正措施。如果是正向差异，那么明确导致它的原因并观察是否可以进一步扩展。

问题反思

■ 在接受截止时间时，我是一个能够被轻易说服的人吗？还是公平地与老板谈判，但对最后期限提出挑战？

■ 我对目标的进度监控效率如何？

理论 22　沃伦·本尼斯论"领导者是与生俱来的而不是培养出来的"

用来提醒你：实践可以成就伟大的领导者。

沃伦·本尼斯（Warren Bennis，1925—2014）是一位美国学术派管理顾问，并且是一位在领导力方面具有影响力的作家。他曾为自己设定的任务之一就是揭开领导概念的神秘面纱。他坚信：

最危险的领导力神话就是领导者是与生俱来的。该神话断言，人们要么具有某种魅力特质，要么没有。这是无稽之谈。领导者是培养出来的，而不是与生俱来的。

沃伦·本尼斯

在他与伯特·纳努斯共同完成的开创性著作《领导者：管理的策略》（*Leaders：Strategies for Taking Change*）中，他提供了 40 位成功领导者的人物特写，其中许多人都明显缺乏大多数人所理解的魅力。

学以致用

■《置身事外》（*The Outliers*）的作者马尔科姆·格拉德威尔（Malcom Gladwell）认为，要成为任何领域的专家，都需要有10000 小时的实践经验。这个数字似乎适用于从科学到足球、从写作到医学的各种职业。领导者首先必须是某个领域的专家，假设每周工作 36 小时，大约需要 278 周或 5.34 年的工作经验。但是，管理者的这个数字可能需要增加一倍，因为你的大部分时间都花在管理、喝咖啡和参加会议上。所以尽早开启领导者之旅吧！

■ 从你开始工作之日起，不要将自己当成会计师、经济学家、系统分析师或任何其他行业或专业的成员。要把自己当成领导者并采取相应的行动。在你的学习日志中记录你的成功和失败，并分析两者的原因。

■ 阅读有关领导力的书籍。不断扩大阅读面，从教科书到领导指南以及伟大领袖传记。这可以为你思考领导力提供动力。

■ 抽出部分时间跟组织中的一位你尊敬的领导者学习几个月，当然你仍然需要完成你一天的工作。如果不太可能实现，就仔细观察组织中那些你和他人都认为是领导者的人的行为。这些人不一定是高级管理人员，可能是主管或中层管理人员。在你的学习日志中记录这些管理者以及其他领导者处理具体事情的方法。分析他们做了什么，并试着识别他们的想法和所使用的策略。

■ 无论你是高级、中级还是初级管理者，都要主动去领导项目，特别是那些需要跨部门合作的项目。项目管理可为你提供处理一系列问题、人员和规则的经验，其中许多可能会超出你的常规专业经验。你可能会发现它很难，但这是十分宝贵的提升经验。

■ 如果有人说你不是一位领导者，无需介怀。他们真正的意思是，你不是他们认为的那种领导者。例如撒切尔夫人，大部分英国公民都厌恶、鄙视她，但没人能否认她是一位领导者。

问题反思

■ 我是否把自己当作领导者？如果没有，为什么？

■ 我曾经为之工作过的最好的领导者是谁？他们的领导风格中我最欣赏的特征是什么？

领导理论总结

为什么赫塞和布兰查德的理论被誉为王者理论

许多理论家都批评赫塞和布兰查德的理论没有经过严格的学术研究。可那又如何呢？情境理论为成千上万的领导者提供了一种简单且有效的领导方式。赫塞和布兰查德的书籍在全球都很畅销，每年有无数的培训活动采用他们的思想。他们的理论已经证明了其在最棘手的研究环境中的价值，比如市场。它易于理解，易于使用，直觉上它听起来是正确的。你可以试一下，了解一下自己的想法。

任何领导关系都包含两个部分，即领导者和被领导者。你对自己和被领导者了解得越多，你就会成为更好的领导者。通过"走动管理"（请参见理论7）以及你与员工的每一次互动来了解与你合作的人员的更多信息。注意倾听和观察，你会很快知道让他们认可你的要素。这将有助于你领导和激励他们。

了解自己就更困难了。我们非常善于隐藏自己的真实本性和动机。我们甚至都不知道我们到底是什么样子，因为我们从未见过自己的三维图像，所以对自己的个性以及其他人对我们知之甚少并不会感到惊讶。了解你真正喜欢什么的唯一方法就是问别人。可以采用乔哈里视窗理论（参见理论96）来帮助你开始这个过程。除非你了解自己，否则你无法知道自己的信仰或原则。这使得你无法识别在管理的灰尘中你永远不会跨越的红线。但是，如果你没有任何原则，你就容易在任何事情中妥协，并在遇到困难时跨越任何红线。

第三章

如何激励员工

简介

　　德怀特·艾森豪威尔将领导力描述为"让别人去做你想做的事情的一门艺术"。而美国将军乔治·巴顿认为"你不要告诉员工如何做事，而要告诉他们你想做什么，让他们给你带来惊喜"。管理者所理解的是，员工的积极性来自于他们自己的需求、期望和兴趣。但是，卓越的管理者明白，员工也有整体价值观，这会影响他们的工作动机。所以要挖掘这些价值观并观察超出你最大期望的员工表现。

　　本章重点强调了作者针对动机采取的三种广泛方法：

　　1. 将激励作为满足员工需求的一种力量。

　　2. 验证激励员工或使员工失去动力的方式的理论。

　　3. 重视管理者和员工之间的良好沟通。

　　本章介绍的理论既有相似之处，也有一些相反的观点。马斯洛的进展理论是否比奥尔德弗的适应理论更有意义完全取决于读者自己的判断。无论你做出何种选择，这些理论都可以帮助你与员工建立有意义的联系。阅读这些理论并思考如何应用，我保证，你将能够在一个或多个理论中识别出你认识或将要认识的每个人。

　　从上述方法中可以清楚地看出，语言可以影响行为。因此，你在尝试激励某位员工时，请认真考虑你将传递什么信息以及你要如何沟通。还要考虑到听者会如何接受、理解这些信息以及会如何行动。这个回应是你想要的吗？请务必认识到，你发送的信息与接收者所理解的信息之间通常存在很大的差异。

理论 23 马斯洛的需求层次理论

作为解释人们终生动力的一般总体理论，其中许多动机在工作领域无法得到满足。

亚伯拉罕·马斯洛（Abraham Maslow）的金字塔理论代表了一种必须按顺序从下到上予以满足的需求层次。他认为，未能满足任何一个层次的需求都会阻止发展到下一层次。

实现自我
充分发挥潜力

尊重
自信和满足（声誉和尊重）

归属
归属感（感情和爱）

安全
无所畏惧（确定性和稳定性）

生理
基本生存需求（食物、温暖和休息）

需求分为两类：基本需求包括生理需求和安全需求；增长性需求包括归属、尊重和自我实现需求。马斯洛认为，如果人们的基本需求得不到满足，他们就会死亡；如果他们的归属感和尊重需求得不到满足并且无法实现自我，他们就会感到自卑和不满。

管理人员有责任确保员工的基本需求得到满足，并且为员工创造得以发展的空间。

学以致用

■ 确保满足你团队的基本需求。这些需求包括食物、水、温暖、休息和住所。即提供一个安全的、身心不受伤害的工作环境。采暖、照明和通风设备必须符合要求的标准，你还应该定期与竞争对手的薪酬和条件进行对比。

■ 满足基本需求后，再开始满足一些更高层次的需求。鼓励员工参加社交互动、积极建立团队精神。一些组织有"星期五便装日"，员工可以穿着不那么正式的服装，同时鼓励他们进行更多的互动。

■ 做到上述两点，员工已对组织中的生活感到开心和满足。他们成为有着很高安全感和归属感的企业高薪成员。这一目标可以通过为团队合作创造机会来实现（参见第五章）。

■ 安排具有挑战性的工作来建立和增强团队的自尊心。定期给予积极的反馈和好评。责任分配到每位员工，并为他们提供发展培训机会。随着员工的被重视感逐渐增强，他们的满足感也会越来越强烈。

■ 此时，金字塔已接近建成，但要最终成型可能会超出管理者的能力范围，即便是最出色的管理者。大多数人并不希望在工作中完成自我实现。他们也可以在其他方面实现。但是，你可以向所有员工提供充满挑战性的工作、鼓励员工发挥创造力、消除可能阻碍进步的任何障碍，从而为员工创造实现自我的条件。

问题反思

■ 我一生的抱负是什么？

■ 对于我来说，什么是自我实现？

理论 24　奥尔德弗的生存、相互关系和成长需求理论

本理论的适用情况：你的团队成员退步到较低的发展/动机水平，你要阻止并扭转这种退步。

克莱顿·奥尔德弗（Clayton Alderfer）将人类的动机因素归纳为三类，不同于马斯洛的五种需求层次理论（请参见理论 23），这三类因素包括生存（Existence）、相互关系（Relatedness）和成长（Growth）需求。

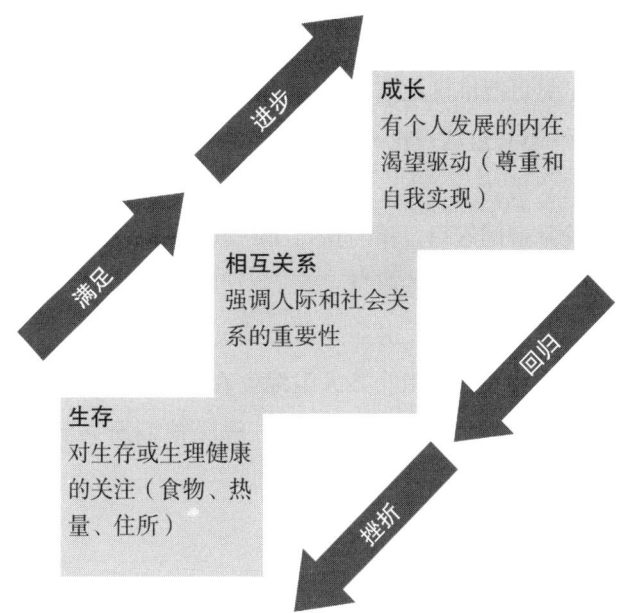

奥尔德弗深信，从生存到成长是进步的过程，这三个需求可以同时作为进步的激励因素，但人们退回到较低层次的需求的情况屡见不鲜。

学以致用

■ 将奥尔德弗的生存、相互关系和成长需求与马斯洛的层次需求进行比较（请参见理论 23），你会发现它们几乎是相同的。二者不同之处在于，奥尔德弗理论建议你必须同时满足三种需求。一次只关注一种会引起员工不满。

■ 无法满足所有需求的挫败感可能会导致员工退至某种较低层次的需求。例如，如果你不能满足他们的个人发展需求，他们可能会退到相互关系的需求层面，例如依赖于与同事的社交活动，或质疑薪水及条件是否可接受。

■ 如果某个员工开始退缩（对工作不感兴趣或出勤率突然降低或工作不守时），请阻止这种趋势，并确保他们不再退缩。与他们面谈，尽可能准确地掌握问题所在。运用伯恩理论（请参见理论 31）和 NLP 过滤理论（请参见理论 93）来确保高质量交流，并尝试稳定立场。

■ 准确掌握问题后，请与该员工一起商议行动计划。这可能需要你们两个共同做一些事情。

■ 你务必兑现承诺，并定期监控该员工是否已实现目标。

■ 有时你可能无法阻止某人退缩。在这种情况下，尝试理解他们为何退缩，并参与他们的工作，解决他们所遇到的任何挫折，直到他们能够再次追求成长。

问题反思

■ 就个人发展和动机而言，我是否达到了一个至高点？

■ 如果是，接下来我该怎么办？

理论 25 麦克利兰的成就需求理论

用于了解团队员工的三个总体需求。

大卫·麦克利兰（David McClelland）提出，人们的动机来源于以下三种需求之一：成就（Achievment）、权力（Power）或从属关系（Affiliation）需求。他认为，这些需求中的任何一种都会影响一个人在特定工作职能上的动机和有效性。

麦克利兰的成就需求理论可概括为：

成就（N-Ach）：N-Ach 型员工渴望有所成就、实现切合实际但富有挑战性的目标，具有出色的工作能力并不断取得进步。

权力（N-Pow）：N-Pow 型员工强烈渴望激励或领导他人。这可以采取个性化的管理形式来实现，可能要以牺牲他人为代价才能获得进步。

从属关系（N-Affil）：N-Affil 型员工需要保持与他人的友好关系和互动，并寻求被他人接纳。

虽然满足其中一种需求的驱动力将占据主导地位，但人们也会需要满足其他两种需求。

学以致用

■ 没有统一的调查问卷可以帮助你。你必须分别与每位员工沟通，了解他们对工作的需求以及他们认为可以为组织做出什么贡献。确保面谈友善，但不要担心问直接且具有挑战性的问题。

■ 根据所收集到的信息，确定麦克利兰的三个需求中哪个占主导地位，并制定应对这些需求的策略。

■ 当你赋予员工个人责任感时，有成就需求（N-Ach）的员工就会茁壮成长。但是他们会担心失败，可能只做好了承担中等风险的准备。给他们支持并定期反馈，如果他们开始要求其他不像他们那样专注于任务的团队成员太多时，那么就介入（请参见理论 5 和 12）。

■ 有权力需求（N-Pow）的人具有很高的职业道德，并且对组织和工作有承诺。这非常好。但是，许多寻求个人权力的员工缺乏与他人良好协作所需的灵活性和人际交往能力。给他们可以独立完成的项目，并时刻关注他们。如果他们的行为变得过于强势，那么就介入（请参见理论 31 和 92）。

■ 有从属关系需求（N-Affil）的人是最佳工作拍档，但前提是他们对维持良好社会关系的执着不会影响他们的工作能力。让他们有机会发挥自己的优势。坚持让他们做自己的工作，还要给他们时间来调解团队成员之间的小纠纷，并为团队组织社交活动（请参见理论 40）。

问题反思

■ 我和团队成员陷入了哪种固定模式中?
■ 我是否需要改变我或员工的行为?

理论 26　赫茨伯格的激励与保健因素理论

用于区分真正激励员工的因素，以及当低于可接受水平时会导致员工泄气的因素。

弗雷德里克·赫茨伯格（Frederick Herzberg）确定了两组因素——产生满意度的激励因素和无法带来满足感的保健因素，但是如果后者低于可接受的水平，它可能会成为不满的源头。

最重要的因素包括：

激励因素	保健因素
认可、成就、进步、所从事工作的性质、责任	薪酬、公司政策、与主管的关系、工作条件、与缺乏地位或安全感相关的感受
如果存在这些因素，员工就会感到有动力	如果这些因素降到一定水平以下，不满情绪就会出现

赫茨伯格用 KITAs（字面意思是"踢一脚"）一词来表示管理者用来激励员工的一些无效策略。

这些无效策略包括：

消极的身体 KITAs 的字面意思是踢背部，包括批评式反馈或责备。

消极的心理 KITAs 包括情感游戏和精神操纵。

积极的 KITAs 包括奖金、加薪和福利。但他认为，无论积极的 KITAs 多么慷慨，他们不会凭借自己的力量产生积极的动机。然而，如果这些积极的 KITAs 降至可接受水平以下，就会引起怨恨情绪和动机降低。

学以致用

■ 首先要认识到，大多数人并非仅仅受到薪酬和工作条件的激励。

■ 使员工的工作变得有趣。在团队成员之间重新分配较为普通的任务，并让每个人都意识到工作对团队整体绩效的重要性。

■ 为每位员工提供有效工作所需的必要资源和培训。使他们对工作质量产生责任感，并赋予他们继续工作的自主权。这样做，可以令他们把工作视为自己的责任，而不仅仅是为老板做事。

■ 设定具有挑战性但切合实际的目标，这些目标一旦实现，就会给员工带来成就感。公开认可这些成绩。公开说"谢谢"或"做得好"会奇迹般地增加士气和生产力。

■ 为所有员工提供晋升和个人发展的机会。尽可能从内部提拔，但要记住，与加薪或晋升相比，提供新的挑战或更有趣的工作可以产生更大的动力。

■ 尽管工资和工作条件等因素不是激励因素，但如果它们低于一定的水平，可能会成为严重降低动力的因素。参照你所在组织和竞争对手中类似的团队的薪酬和工作条件（请参阅理论83），并确保处于相同水平。

■ 与员工保持良好的沟通并采纳他们提出的好想法。但请确保他们的建议得到充分的认可。

■ 请不要担心使用消极的身体KITAs。向员工表示责备，常常会引起他"好，我会让他们看看"的反应，这正是你想要的反应。

问题反思

■ 我是否认为那些激励我的因素也会激励我的员工?
■ 我是否有公开感谢和/或庆祝员工的成功?

理论 27　亚当斯的公平理论

使用该理论来理解当人们感觉自己与另一位员工待遇不同时的行为方式。

斯泰西·亚当斯（Stacy Adams）的公平理论的基本原则是：人们在感到自己受到不公平或不公正待遇的情况下，会有采取行动的动机。亚当斯认为，人们对不公平现象的认识越强烈，紧张感就越强，采取行动的动机就越强。

下图展示了两个不同的员工的看法。A 认为自己应该得到比 B 更好的待遇。而 B 因为自己没有像 A 那样努力工作而感到内疚。

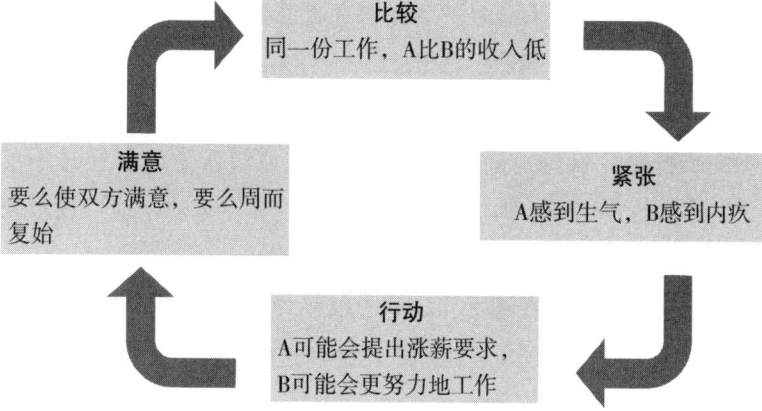

如果双方都不采取行动或都采取行动，就会形成僵局（例如，A 加薪，B 更努力地工作只会替代紧张的焦点）。

意识到不公平的员工将通过减少工作量、增加薪资或离开组织来解决这一问题。

学以致用

■ 寻找不满的迹象，例如生闷气、消极或激进的行为、两名或两名以上的员工出现紧张关系、在会议或对话中说过的尖刻言论，以及一般的"暗地里的抱怨"。

■ 要认识到，任何不平等的感受都源于人们认为他们受到不公平的对待。这种感知很少基于事实，而是受情绪驱动。

■ 要认识到，士气低落的程度与感知到的区别对待的程度成正比。你会发现，有些人只要看到一丁点的不公平迹象，就会产生极大的不公平感。

■ 要认识到你正在处理情绪问题，而这些情绪从来都是不合乎逻辑的。告诉别人他们错了并不总是能奏效。

■ 与相关人员面谈。请留出足够的时间，而不是在十分钟之内结束。让每个人有充足的时间讲述自己的故事，畅所欲言。这个过程本身就可以降低不公平感。

■ 许多人对什么是公平有误解。有些人自以为是，对其在组织中的重要性自恃过高。如果他们不是他们认为的那样必不可少，你要告诉他们。他们会不喜欢听，但是你必须让他们面对现实，不是他们所想的那样（请参见理论92）。

■ 如果发现存在不平等，请予以解决。在处理的同时，确认一下你的质疑是否预示着组织广泛存在这些问题。

问题反思

■ 我面临的确切问题是什么？
■ 这是一个被误认为是薪水或工作条件方面的认知问题吗？

理论 28　弗鲁姆的期望理论

使用该理论来理解人们为什么会对某些基于工作的请求或承诺做出这样的反应。

维克多·弗鲁姆（Victor Vroom）认为，一个人会基于某种信念（期望）以某种方式行事，即一旦这种特定的行为完成（手段），就会获得期望的回报（效价）。

他用数学公式表达了期望动机理论：

$$动机 = 效价 × 期望 × 手段$$

如果三个因素中的任何一个为零，则总分为零，即动机为零。

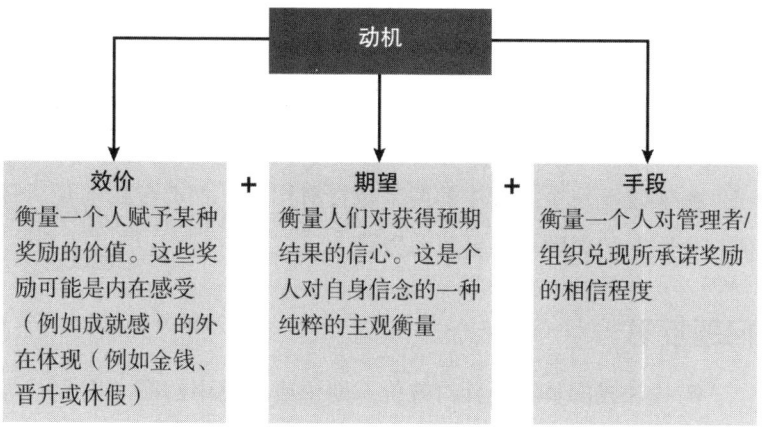

动机		
效价 +	**期望** +	**手段**
衡量一个人赋予某种奖励的价值。这些奖励可能是内在感受（例如成就感）的外在体现（例如金钱、晋升或休假）	衡量人们对获得预期结果的信心。这是个人对自身信念的一种纯粹的主观衡量	衡量一个人对管理者/组织兑现所承诺奖励的相信程度

该模型假设管理者可以对这三个因素进行评分，但在现实中，这些因素都是主观的，我们很难对自己进行评估，更不用说评估别人了。

学以致用

■ 不要仅仅因为员工没有有意识地为效价、期望和手段等概念打分就否定弗鲁姆的理论，如果他们这样做了，那么作为管理者，你能猜到什么呢？员工可能不会使用专业术语，也不会有意识地去识别和权衡弗鲁姆所述的因素，但他们的确会考虑以下方面：我想要什么？我得到它的可能性有多大？组织会兑现诺言吗？

■ 所以忘记分数。相反，找出你的员工想要从工作中得到什么，并提供对他们有经济利益和/或内在激励作用的工作。这将创建他们真正想要的奖励（请参见理论26）。

■ 如果期望与努力和结果有关，那么确保为员工创建一个鼓励和奖励努力的环境，在这个环境中，他们可以使用获得结果所需的资源、设备和材料。

■ 遵守诺言，不要承诺无法兑现的诺言，从而加强动机链中的手段环节。

■ 实现这三个因素中的两个也没有用，正如弗鲁姆所说，任何一个因素的失败都会导致动力缺乏。

问题反思

■ 我和我的员工会针对效价、期望或手段中的哪个因素（如果有的话）打零分？

■ 即使没有零分，我该怎么做才能向员工证明优秀的工作会得到认可和奖励？

理论 29　迈尔斯-布里格斯的类型指标

使用该理论来了解你的团队员工的不同性格类型，以及他们可能如何对指示做出回应。

20 世纪 60 年代，伊莎贝尔·迈尔斯（Isabel Myers）和凯瑟琳·库克·布里格斯（Katherine Cook-Briggs）提出了迈尔斯-布里格斯类型指标（Myers-Briggs Type Indicator，简称 MBTI）。它以四种不同的量表为基础，最早由卡尔·荣格（Carl Jung）提出用作描述人格类型的一种方法。这些量表可以概括为：

外向型（E）-**内向型**（I）量表探索人们如何与外界进行互动和回应。性格外向的人通常以行动为导向，并经常与人交往；而性格内向的人则思维缜密，并喜欢独处。

感觉型（S）-**直觉型**（N）量表探索人们如何从外界收集信息。感觉型的人专注于事实和细节并享受动手操作的体验，而直觉型的人则更注重模式和印象，并喜欢推测和想象未来的可能性。

思考型（T）-**情感型**（F）量表探索人们如何根据所收集的信息做出决策。思考型的人注重事实和客观数据，并且在决策时倾向于一致性、逻辑性和客观性；而情感型的人则是主观的，在决策时考虑人和情感。

判断型（J）-**理解型**（P）量表探索人们如何与外界打交道。判断型的人更喜欢结构和秩序，而理解型的人则更灵活。

在 MBTI 量表中，受访者分为 16 种人格类型。例如，偏外向型、感觉型、思考型和判断型的人被归为 ESTJ 人格类型。迈尔斯和布里格斯指出，MBTI 并非测试，也没有正确或错误的答案。所有类型具有相等的价值，没有可与之比较的个性类型的规范。

学以致用

作为管理者，了解你的团队中有哪些性格类型的员工很重要。这将有助于你了解一个人可能如何响应你的指示和策略，以便最大化地发挥员工的才能。

人格类型	首选方法
ESTJ	要求其严格遵守指示并按时完成任务。
ESTP	让其从所见、所闻和经验中学习。
ESFP	相信他们解决问题的直觉和能力。
ESFJ	让其在确定或可控的环境中行动。
ENFP	不要让其处理常规和缺乏创建性的任务。
ENFJ	推测其他人可能受到的影响。
ENTP	思考新的想法和理论，而不是细节。
ENTJ	避免对抗或激烈讨论。
ISTJ	使用明确定义的时间表和任务。
ISTP	学习并理解事情的运作方式。
ISFP	研究具体信息而不是抽象理论。
ISFJ	不做出反应并观察别人。
INFP	根据其个人价值观而非逻辑来解决问题。
INFJ	以书面形式表达自己。
INTP	鼓励与他人分享他们的想法。
INTJ	单独工作，避免分组合作。

尽管 MBTI 对于管理者来说是一个有用的工具，可帮助其预测某人的性格如何影响他们的思维和行动，但它并非绝对可靠，因此请谨慎使用。

问题反思

- 我如何了解团队成员的性格？
- 我如何知道自己的性格？

理论 30 赫布的联合学习法则

使用该理论可以帮助你了解为什么某些人对你的指示的反应比其他人更积极。

边缘系统是人脑中影响学习和动机的听觉、视觉和触觉神经连接的统称。唐纳德·赫布（Donald Hebb）提出了一种理论来解释大脑中的边缘系统同时且反复活动时实际发生的情况。他声称这会形成突触（或连接），这些突触会导致细胞集合而建立连接。

赫布以婴儿听到脚步声为例来描述该过程的工作原理。婴儿在听到脚步声后，会激发某个细胞集合，从而对脚步声产生积极或消极的反应，这种反应取决于走路者是他们爱的人还是害怕的人。边缘过程如下图所示：

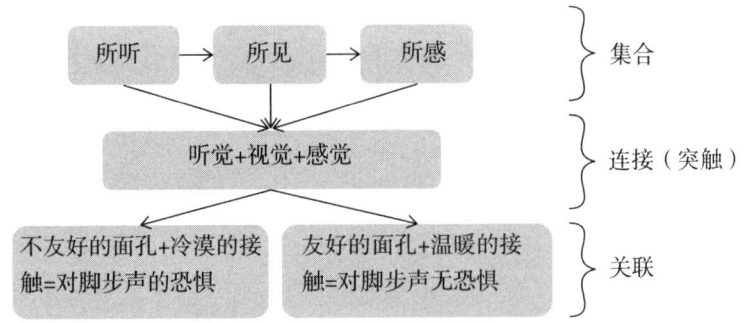

理解管理者如何运用赫布理论基于以下原理：对某人的指示会以两种不同的方式影响大脑，分别是：创建全新的突触或连接（在年轻人中最常见），或重新排列现有的突触或连接（在成年人中更常见）。无论哪种方式，都会使大脑重塑对指示的正面或负面反应。

学以致用

作为管理者，要有效使用赫布理论，你需要：

■ 接受人们不同的反应。有些人会有更强的组织指令的能力，因此比其他人更容易进行关联。

■ 制定策略以应对组织中不同层次的反应。具有良好神经连接的人可以将新信息添加到现有网络中，当你鼓励他们将其与已知信息联系起来时，他们会更有动力。由于大脑需要花费大量精力来创建新的突触，因此连接不发达的人难以吸收新信息。在这种情况下，可以将指令分解成多个组块。

■ 要明白，没有证据证明建立神经连接的能力与智力之间有联系。可以通过计算机类比来了解这一点。在功能上，具有较高操作规格的计算机比具有较低操作规格的计算机运行更快、更有效。这并不意味着较低规格的计算机无法建立连接，只是你需要花费更多的时间和精力将其连接到可以执行的阶段。

■ 使用隐喻、故事和类比等强大的工具来帮助人们建立有意义的连接，让他们建立知识体系并理解新信息。

"集合到一起的细胞，可以同步发射"通常被用作比喻赫布的理论。这表示，如果某人持续以某种方式做出反应，那么大脑中的神经元就会增强这种反应，成为我们的习惯。管理者需要领会何时需要养成或改变这种习惯。习惯越根深蒂固，改变就越困难。

问题反思

■ 我在了解员工接受指示的不同能力方面做得怎么样？

■ 我是否利用了隐喻、故事和类比来帮助员工建立有意义的连接？

理论 31 伯恩的沟通分析理论（王者理论）

使用该理论以成为一个更有效的沟通者。

沟通分析理论描述了一个人在发出或接收消息时所处的心理状态。管理者与员工的沟通方式对员工如何根据消息接收、解释及采取行动具有重大影响。伯恩（Berne）指出了人们在交流时使用的五种行为模式或自我状态。

自我状态的特征：
关键式家长状态：此类人太霸道，喜欢告诉别人该怎么做。
培养式家长状态：此类人表现为关注人的情感，但喜欢以提供建议的名义告诉别人该做什么。
自由式儿童状态：此类人不受限制地表达自己的情感。
适应式儿童状态：此类人缺乏信心并急于取悦他人。
成人式自我状态：此类人具有成熟的行为，并以冷静、理性的方式评估情况。

尽管在成人式自我状态下行事通常是最有效的方法，但伯恩建议，管理者有时可能需要采用家长式甚至儿童式的自我状态来激励员工。

学以致用

■ 认识到你有能力采取任何自我状态。

■ 通过沟通分析确定你的员工处于哪种自我状态，并采用对他们最有效的自我状态对待他们。

■ 如果你们都处于家长式自我状态，那么当你们都试图将自己的规则强加给对方时，可能会产生摩擦。

■ 如果你们都处于儿童式自我状态，那么你可能会有点乐趣，但是什么都做不了，因为你会忙于吮吸拇指或者在婴儿床上扔泰迪熊玩具。

■ 如果你处于家长式自我状态，而另一个人处于儿童式自我状态，或者相反，则会产生至少一方满意的结果，但可能是短暂的。

■ 理想的状态是你们都处于成人式自我状态。

■ 要脱离家长式或儿童式自我状态，请提出以下问题：我们对此可以做什么？我如何支持你完成任务？我们如何对其进行排序？你如何建议我们前进？如果你遵循这个简单的过程，它将大大提高你在管理和激励员工方面的能力。请尝试这么做。

问题反思

■ 我的正常状态是什么？这是一种富有成效的状态吗？如果不是，我该如何改变？

■ 是什么导致我改变状态？是言语、行动还是事件？

激励理论总结

伯恩理论之所以被誉为王者理论，表明交流涉及一系列隐藏的事情。在 20 世纪 60 年代出版时，它被认为过于激进，直到 20 世纪 90 年代以来，它才真正被管理者所使用。

我之所以选择这个理论，是因为它强调了与员工交谈的方式对其动机水平的影响要比薪酬和环境等因素更大。如果管理关乎人际关系，那么至关重要的是，你必须与员工以尊重和成年人的方式进行沟通，并引导他们站在与你进行沟通的同等位置。当然，你和你的员工会在一系列问题上存在分歧，但不会因为采用错误的自我状态而使情况变得更糟。

无论人们希望在工作中达到何种满意程度，都不要低估允许自主和给予反馈作为激励工具的重要性。如果员工能够对他们的工作方式进行合理的掌控，那么即使是最普通的工作也是有价值的。结合管理者定期的反馈，许多员工会非常高兴地继续工作并监督自己的表现。

为了保持快乐的团队气氛，请注意是否有任何迹象表明员工不满于对待他们的方式。如果你发现有生闷气、不合作或工作表现不佳的迹象，请找出造成不公平感的原因并立即采取措施。如果你反应迟钝，那么问题可能会恶化、扩大并感染其他人。

要帮助员工回到正轨，你必须正确结合鼓励、指挥、控制和支持。这就是伯恩理论发扬光大的地方。如果你确定了他们处于什么类型的自我状态，你可以使用"做什么？为什么做？什么时候做？怎么做？"等问题引导他们进入成人式自我状态，在相互尊重的气氛中讨论并解决问题。

无论你对员工采取哪种方法，都应该记住，激励就是把奖励与努力和成就相匹配。为了保持员工的积极性，你必须兑现诺言。一旦打破这些规则，任何激励员工的机会都会消失。

第四章

管理者就是教练

简介

你必须掌握管理者所使用的各种人力资源开发方法，来支持你的教练身份。以学开车为例，可以帮助我们更好地理解这个过程。

■ 顾问会向你建议开哪种车最合适。

■ 辅导员会尝试解决你对驾驶产生的任何焦虑。

■ 教练会鼓励你投入学习并正确驾驶汽车。

■ 导师会与你分享他们自己的驾驶经验。

这些措施可以用"挑战性与支持性"和"指令性与非指令性"来表示，如下图所示：

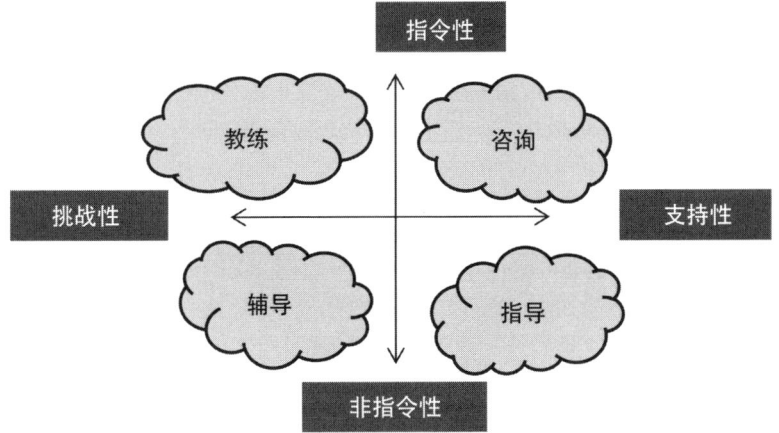

上述方法的共同点是，它们都是针对个人寻求某种形式的行为修正。在这方面，教练和指导（通常同时使用）之间的区别是，前者被视为指令性和挑战性的，而后者则是非指令性和支持性的。

无论采用哪种方法，你都需要对你要管理的人有个基本的信念：

- 具有改变的能力。
- 会给他们提供最佳选择。

支持他们达到自己所期望的状态更多的是一个过程，而不是一个目的地。本章包括很多与教练有关的重要模型。

理论 32　伊根的高明的心理助人者模型

适用于你想授权别人解决他们自己的问题。

　　杰拉德·伊根（Gerard Egan）的高明的心理助人者模型（Skilled Helper model）是一个三阶段的教练模型，旨在实现持久的变革并赋予人们更有效地解决自己的问题的能力。该模型如下图所示：

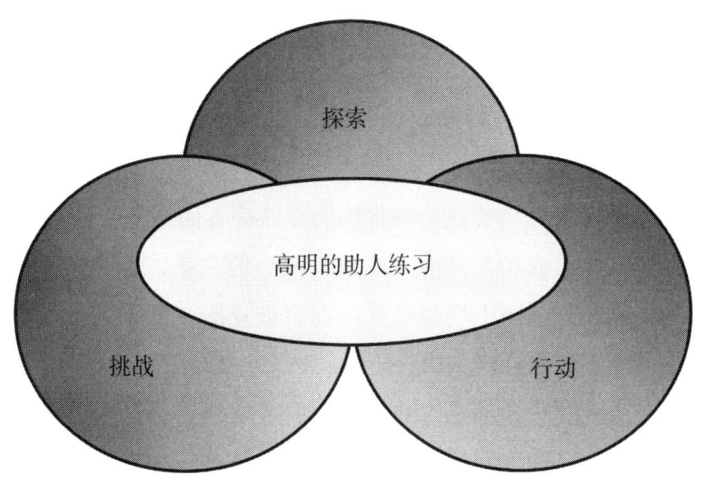

　　这三个阶段可以概括为：

　　探索：目的是与其他人建立一种不构成威胁的关系，通过识别和理清问题和机会以及评估他们应对这些问题的能力，来帮助他们探索当前的状况。

　　挑战：目的是通过鼓励对方质疑他们的真正需求和想要的东西，以及他们还可以考虑其他哪些可能性，来帮助对方更深入、更客观地了解其处境。

行动： 目的是通过帮助他人设定具体的、可衡量的、可实现的、切合实际的目标以及实现这些目标的时间表，来帮助他人将良好的愿望转变为实际的结果。

伊根认为，助人者练习这一方法通过赋予行动、事件和情况以意义，鼓励人们成为世界的积极解释者。他还强调人们面对、克服挑战和问题以及寻找新机会的重要性。

学以致用

■ 通过对方的言语来了解所发生的事情，然后做出反应，但不要有偏见或做出评判。

■ 确保保留自己的观点，并关注那些对他们来讲很重要的问题。

■ 通过讨论总结要点。确保你们在这些方面达成一致意见。

■ 如果你已成功与其他人建立了融洽的关系，那么在探索阶段可能会遇到的任何不情愿或抵抗都会被克服。如果你仍然遇到阻力，不要害怕重新进入第一阶段。

■ 一次处理一个问题，并鼓励他们考虑是否有其他方法可以解决该问题。鼓励他们探索不同的选择和策略，并帮助他们理解和克服可能会面临的障碍。

■ 如果他们现在乐于接受改变，那么是时候将良好的意愿转变为行动了，让他们提出尽可能多的策略。帮助他们专注于针对现有情况、他们的需求和抱负以及所拥有的资源等方面可行的行动。在没有召开后续会议以确定对方取得了哪些进展之前，请不要离开此阶段。

现在设想两个你必须帮助别人应对变化的问题。选择一个肯

定结果的问题和一个否定结果的问题。此时就可以回答以下两个
问题了。

问题反思

- 我做了哪些对结果的好坏产生影响的事？
- 我可以用其他方式来处理吗？

理论 33   盖尔威的内化游戏

适用于你想了解人们的表现能力如何受到内部和外部的影响。

蒂姆·盖尔威（Tim Gallwey）使用体育类比证明了如何通过教练活动释放一个人的潜力，从而最大化他们的表现能力。他的主要前提是："幻想的对手"比任何外部障碍都要强大。

他用公式总结了这一基本理念：

表现=潜力-干扰

盖尔威认为，作为教练，管理者的主要任务就是减少或消除阻碍个人达到最佳表现水平的"干扰"。为实现这一目标，他建议管理者必须参与三个阶段的对话。这些可以总结为：

认知阶段：各方都明确定义和了解情况的阶段。

选择阶段：这是意识认知的发展阶段，包括扩大如何达到预期结果的视野。

信任阶段：在这里是指，管理者和教练对象对彼此的交付能力具有不可动摇的信心。

盖尔威可能是第一位提出一种简单但全面的教练方法的理论家，该方法几乎适用于任何教练情况。他的想法影响了许多商业教练的领军人物。他将"真正的好教练"定义为使教练对象产生自信、相信自己的价值观和能力的人。

学以致用

■ 认知阶段只是简单地定义现状的过程。请勿强加你对情况的感知，也不要告诉他人你将要做什么。询问他们想要从教练那里得到什么，以及他们觉得自己适合哪种教练方法。

■ 选择阶段是检查实现预期目标的可用选项。记录所有选项，无论它们可能看起来多么不切实际，这是获取重要信息列表的过程。此时，进行现实情况确认，并将不可行的选项排到后面。优先选择。

■ 到此时，所做的事情全都是针对个人的，所以他们应该开始感受到尊重、重视，并能够充满信心地向前迈进。最好的教练是那些使教练对象相信自己、感到自己有价值，并且完全相信自己能力的人。只有当个人相信教练的能力和意图时，才能实现这一目标。

要达到这样的教练水平并非易事。你需要具备一种思维模式，它是你做任何事情的框架。这包括：充分了解员工的学习方式、你的沟通方式、你的激励技巧以及你的价值结构。请勿急于求成，这些都是你可以学习的东西！

问题反思

■ 我们是否明确定义了现状？

■ 我们是否已经充分探索了实现预期结果的可用选项？

理论 34 吉尔伯特和惠特尔沃斯的 OSCAR 模型

适用于你希望得到一种以解决方案为中心的教练模型的情况。

安德鲁·吉尔伯特（Andrew Gilbert）和凯伦·惠特尔沃斯（Karen Whittleworth）认为，以解决方案为导向的教练模型与其他方法的不同之处在于，它侧重于解决方案而不是问题。他们表示，他们的模型旨在发现行之有效的方法并进行复制，而不是持续采用行之无效的方法。该模型名称为 OSCAR，是由多个单词的首字母缩写组成，各个单词及解释如下：

结果（Outcome）：教练决定个人想要达到的目标。

现状（Situation）：教练明确个人的当前情况。

选择（Choice）：教练和个人讨论可用选择以及做出特定选择的后果。

行动（Action）：教练鼓励个人对自己的行动计划负责。

回顾（Review）：这是一个机会，个人和教练双方可以反思到目前为止所采取的干预措施，并评估哪些是有效的，哪些需要改进。

吉尔伯特和惠特尔沃斯表明，该模型可以展现个人现有的技能和能力，并且可将过程的所有权从教练转移到个人。

学以致用

优秀教练的本质是使教练对象看清自己的位置，使他们明白自己想要成为什么样的人，以及教练如何支持他们实现目标。你可以在每个阶段询问下列问题：

■ 通过询问确定个人想要的结果：与我合作，你想实现什么？这次会谈具体要实现什么？你如何知道你已经达到了想要的结果？

■ 通过询问明确客户当前的状态：你认为自己现在处于什么位置？你到达这个位置具体发生了什么？你认为自己的优点和缺点是什么？

■ 通过询问讨论哪些选择可用：你面临的机遇和威胁分别是什么？这些给你带来的后果是什么？如果你逃避这些，将会发生什么？

■ 通过询问决定下一步计划：一切是否进展顺利？下一步具体要做什么？你如何得知你已经完成了这一步？

■ 通过询问确定客户的选择是否正确：你做了什么来促进改变？改变产生了哪些具体影响？你认为接下来会发生什么变化？

问题反思

■ 我是否通过提出一些具有挑战性但不令人生畏的问题压制了他们？

■ 我们是否都清楚个人的当前处境和去向？

理论 35   格里姆利的 7Cs 教练模型

当你需要一种系统化的教练方法来应对许多可能阻碍人们进步的因素时，可使用该模型。

布鲁斯·格里姆利（Bruce Grimley）表示，良好的教练活动可以应对许多变量，这些变量可以描述为：

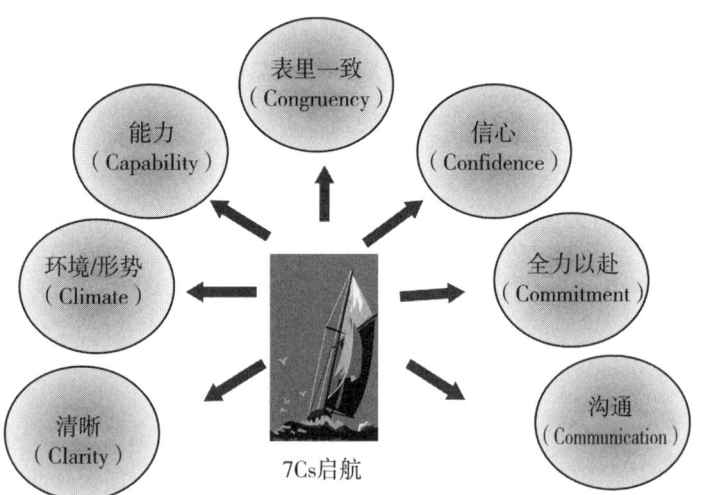

7Cs启航

格里姆利提出，7Cs 教练模型将确保在教练结束之前，教练对象：

清楚他们正在努力实现的目标。

相信当下环境是实现这些目标的合适时机。

有能力取得有效成果。

表里一致，以与自己的感受相一致的方式行事。

对自己的行为有信心。

全力以赴获得最有效的解决方案。

将根据以上内容进行内部和外部的沟通。

格里姆利认为，要使 7Cs 能够运行，必须设定一个前提，即第 8 个 C——勇气（Courage）。他举了一个假设的例子，一个寻求指导的人清楚且表里一致地考虑寻求发展一段关系，但缺乏追求这种关系所必要的能力或信心。缺乏能力或信心可能意味着他们对目标全力以赴的力量开始减少，他们要么认为现在不适合建立这种关系，要么对对方太好，要么认为配不上对方。格里姆利表示，通过 7Cs 方法，教练可以充分了解与个人一起工作时他们需要做什么。

学以致用

我喜欢格里姆利使用"7Cs 启航"来描述此模型的进行过程。它很适合用来比喻人们旅行的过程。

以下是一些有用的问题，你可以询问正在接受训练的人，用以建立他们在每个 C 中所拥有的意识水平。

■ **清晰**：询问"你想要达到什么目标？你如何知道何时达到了这个目标？"，使这些问题具体化且可衡量，以便他们清楚了解自己的目标是什么。

■ **环境**：询问"什么时候才是开始实施这一想法的合适时机？你将花费多长时间来实现这一目标？"，将这些问题与环境联系起来。

■ **能力**：询问"你拥有什么技能可以用来实现目标？"来确定他们是否认为这个想法是可以实现的。

■ **表里一致**：询问"你具有什么个人品质以帮你实现目标？"来确定该提议是否符合他们自己的价值观和信念。

■ **信心**：询问"你现在如何看待自己？一年（两年或三年）后你会在哪里？"以确定他们有多少信心。

■ **全力以赴**：询问"你希望达到什么程度？"以衡量他们的动机水平。

■ **沟通**：询问"关于未来你对别人和自己的看法是什么？"以感受他们的自尊心。

请认识到这可能是一个漫长的过程，所以要坚持不懈。

问题反思

■ 我是否确定我已纳入该模型的所有要点？

■ 我是否已深入探讨了每个问题？

理论 36 黑尔和哈钦森的 INSIGHT 教练循环模型

适用于你希望有一个支持人们前进的框架。

如理查德·黑尔（Richard Hale）和艾琳·哈钦森（Eileen Hutchinson）所述，使用 INSIGHT 教练循环模型的优势在于，它可以支持教练通过真诚且可靠的对话来获得个性的力量、透明度、与教练对象建立有影响力的关系的能力。该模型名称为 INSIGHT，是多个单词的首字母缩写，其各个组成部分解释如下：

初步评估（Initial assessment）：可使教练有机会得出训练干预的核心需求。

探讨训练计划（Negotiating the coaching plan）：应该包括以下重要方面：进行什么样的干预过程、何时进行、何地进行以及如何进行。

自我发展计划（Self-development plan）：可使教练对象确定个人或专业发展领域，并使教练能够与其讨论支持其发展的适合的训练方法。

深刻认识自己的能力（Insight into own capabilities）：可以鼓励个人回顾自己的优势和劣势。

成长和个人反思（Growth and personal reflection）：对于教练对象和教练而言都是一个机会，可以反思到目前为止的干预措施，并评估哪些方法行之有效，哪些需要修改。

需求层次结构（Hierarchy of needs）：可使教练对象和教练洞悉双方的需求是否都得到了满足（请参见理论 23）。

测试新技能和知识（Testing new skills and knowledge）：将使

个人有机会测试新技能和知识，并评估其他需求。

黑尔和哈钦森表示，使用该模型可使教练以一种相对安全的方式来挑战观念、态度和行为。

学以致用

这里有一些提示和有见地的问题，你可以在每个阶段询问你的教练对象：

■ 与我一起工作，你具体想实现什么？对你来说什么算是成功？确定个人需求。

■ 你在哪里感到学习最舒适？你如何看待客户与教练之间的关系？明确训练方式、时间和地点。

■ 你目前的优点和缺点是什么？你面临的机遇和威胁是什么？确定个人可以发展的领域。

■ 你认为在教练的指导下你会有所作为吗？你如何知道何时实现了目标？这可以更深入地了解个人的信念、价值观和目标。

■ 你正在做些什么来促进改变，改变产生了什么影响？以此确定他是否在正确的路线上。

■ 你对发生在自己身上的事情满意程度如何？你如何评估继续前进的动力？确定其需求是否得到满足。

■ 你从训练中学到的主要知识是什么？你打算如何应用它们？确认其是否已达到预期的结果。

问题反思

■ 我是否询问了有见地的问题？
■ 这些问题我得到了诚实的回答吗？

理论 37　兰茨伯格的教练之道（王者理论）

适用于你想通过帮助他人发展和成长来提高自己作为管理者的效率。

马克斯·兰茨伯格（Max Landsberg）认为，教练包括提供反馈、激励和有效的提问。他表示教练的主要作用是根据个人的意愿和技能来确定个人承担特定任务的准备程度。他认为教练的方法取决于技能和意愿的程度，并遵循以下原则：

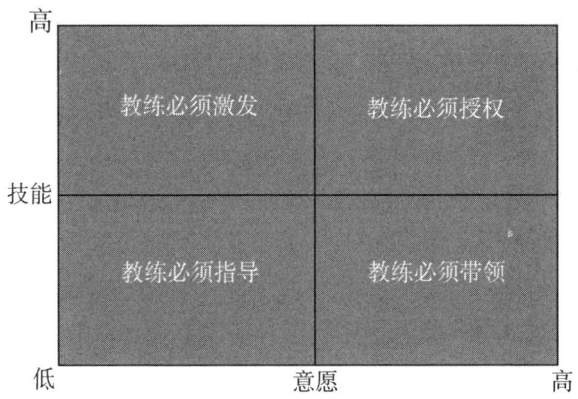

兰茨伯格断言，教练应该制订一个包括以下内容的比赛计划：

设定场景：这将涉及对技能和意志水平的判断；明确要采取的方法；在关系中建立信任；找出激发个人的动机；就可以实现的目标绘制令人信服的愿景。

提供持续训练：这将涉及选择最合适的干预措施，其中可能包括实质性的结构性会议（持续 20~60 分钟），针对绩效的简短讨论（10~15 分钟）或非常简短但频繁的反馈。

得出有效结论：这将涉及对所学知识的反思；获得有关你作为教练的表现的反馈；决定接下来要做什么。

兰茨伯格将教练描述为一种动态的互动，它不依赖于单向的讲解或指导。在这方面，他认为教练也可以从经验中获得发展。

学以致用

■ 在设定场景时，请你不要先主动建议某人这样或那样做，并使之成为你的教练习惯。询问他们在知识和能力方面已经具备了什么，以及他们进一步发展的动力如何。与你的教练对象分享自己的优势和局限性是建立信任关系的一种非常有效的方式。建立信任关系后，你就可以激发出真正让其兴奋的东西，以及如何提出可能的愿景。

■ 确定场景后，需要就哪种训练干预最有效与教练对象达成一致。你需要考虑具体的工作情况。如果你们都有其他重要的职责需要履行，那么频繁的一小时会议可能不可行。但是，简短的讨论可能无法取得实质性的成果。询问教练对象最适合他们的情况，并确认是否可以将其与你的其他日常安排配合进行。

■ 获得有效的闭环。除了提高教练对象的表现，你可能还希望作为教练的自尊和声誉在这种干预下得到发展。让他们反思他们所学到的东西以及他们觉得你为此做出了什么贡献。不断询问教练对象的下一步计划。

问题反思

■ 在为个人和组织寻找期望的结果时，我是否给予了足够的照顾和关注？

■ 我是否愿意接受教练对象对我的表现给予反馈？

理论 38　罗杰斯的六项教练原则

为你提供一套基本原则来支持你对组织内的各个级别进行指导。

珍妮·罗杰斯（Jenny Rogers）主张，教练是一种平等的伙伴关系，其目的是通过有针对性的活动来获得增强的、可持续的效果。她认为教练活动可以提高人们的自我意识并帮他们确定选择。她提供了"六项原则"模型作为实现这一目标的过程。

六项原则是：

教练对象都拥有资源。

教练的作用是帮助教练对象发展他们的资源。

教练活动针对整个人。

教练对象来设定议程。

教练和教练对象是平等的。

教练活动关乎改变和行动。

罗杰斯模型所依据的哲学是，教练的核心目的是增强自我意识、明确选择，并缩小教练对象当前所做的事情与他们能做的事情之间的差距。

学以致用

■ 确保你的教练对象有足够的信息和资源来实现他们期望的结果。如果没有，请找出可以帮助他们的方法，但不要像用勺子喂饭一样教他们。

■ 请勿提出建议。这暗示你比他们了解得多，这反过来可能导致他们依赖你。当然，即使你不是他们的教练，他们也会明显表现出想向你学习，你也可以通过提出具有挑战性的问题并让他们得出下一步的结论来达到这个效果。

■ 虽然你不是他们的心理医生，但他们可能需要处理一些问题，这时就需要你超越当前的环境、个人以及专业，为他们提供帮助。你可能对此感到不舒服，并且想要知道你的界限是什么。但不要回避这些问题，有必要的话，可以将其交给可能更擅长处理这些问题的人。

■ 议程公开透明。由个人自己设定训练议程，而你的角色是对此做出回应。如果你觉得议程实施有困难，请告诉他们你的感受，并讨论可能的替代方法。

■ 与你的教练对象一起平等地工作。你的教练对象可能是初级职员，也可能是高级主管。你可能会得到你的教练对象的两倍或一半的薪水。在训练时，这些都不重要，这种关系应该建立在信任和尊重之上，而信任和尊重应该是所有同事关系的基础。

■ 意识到你正在训练某人，他们想在工作的某些方面有所改进。你的角色是通过增强他们的自我意识以了解有哪些选择来支持他们，以及需要做什么来缩小他们目前所处的位置与期望位置之间的差距。

问题反思

■ 我是否在这种关系中建立了高度的尊重和信任？
■ 我们是否在平等的基础上进行训练？

理论 39　惠特莫的 GROW 模型

> 适用于你想帮助他人做出更好的决定并解决与其职业相关的问题。

约翰·惠特莫（John Whitmore）提出，GROW 模型是构建教练课程的一种简单而有效的方式。他将其比作规划一个旅程，在此过程中你决定要去的地方（目标），确定当前的位置（现实），探索各种路线（选项），并致力于到达目的地（成功的决心）。该模型可以表示为：

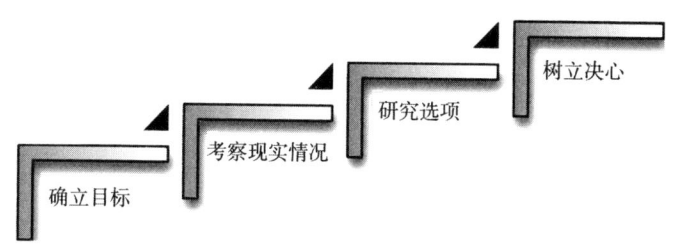

该模型的各个组成部分总结如下：

确立目标（Establish the Goal）：了解他人想要改变的行为，并将其表达为他们想要实现的目标。

考察现实情况（Examine the Current Reality）：鼓励他人在考虑清楚现状之前避免尝试解决问题。

研究选项（Explore the Options）：摸清现实情况后，将其注意力转移到确定事情的可行性上。

树立决心（Establish the Will）：既然明确了选项，个人就可以采取具体行动，朝着实现目标的方向前进。

惠特莫重点强调，教练不要将自己视为他人困境中的专家，也不要试图为他们解决问题。他将教练的最终角色描述为协助者，即帮助他人做出最佳选择。

学以致用

有机增长的过程可以很好地解释该模型。使用这种模型，优秀教练的本质是提出好问题。你可以在每个阶段询问教练对象一些有用的问题：

■ "这与他们的职业目标有何关系？""他们对实现这一目标的信心有多大？"确保他们的目标是具体的、可衡量的、可实现的、切合实际的且有时间限制的（请参见理论97）。

■ 在他们考虑清楚现状之前，不要让他们提出解决方案。询问："他们现在正在经历什么？""他们对正在发生的事情有何看法？""迄今为止他们做了些什么来解决问题？"

■ 避免给出选项。请切记，这些可能是你处理这种情况的选择。但是，你应该询问："采用此选项可能会产生什么影响？""如果出现问题，他们会怎么做？"让他们考虑每个选项的可行性。

■ 研究了各种选项之后，此时你需要询问："下一步他们计划做什么？""他们何时做？""他们如何知道已经完成了？"

请注意，所有提出的问题都是开放式的。确保当教练对象回答你的问题时，你以一种专心且非评判的态度聆听。在这方面，你的肢体语言可能比你实际所说的更重要。

问题反思

■ 我是否完全确定每个人在采取任何行动之前都明确了他们的现状？

■ 我们是否已经研究了所有选项，并且让他们付出行动？

教练理论总结

为什么兰茨伯格的理论被誉为王者理论

选择哪种理论作为王者理论并非易事，但是我选择了兰茨伯格的《教练之道》（*Tao of Coaching*），因为有些书籍，你可能对书名感兴趣，但对内容却感到失望。《教练之道》并非如此。该书将一些有趣的理论和模型与个人担任教练的经历相结合。

尽管本节内容阐述了关于该主题的不同观点，但仍然提出了一些共同的主题。目的在于：

■ 讨论你和教练对象对彼此的期望。同意教练关系的基本规则和界限。让他们有一个愿景，并设定可以帮助他们实现这一愿景的目标。确保这些目标符合 SMART 原则（具体的、可衡量的、可实现的、切合实际的且有时间限制的）（请参见理论 97）。

■ 选择最合适的个体/团队教练方法。这可能包括指导他们、向他们展示做什么、建议他们可以采取什么方式或激励他们自己去做。无论你选择哪种方法，都要坚持并坚定地贯彻到底。不要以为在训练结束时你要做的就是确认是否符合期望；而应在整个会话中经常确认。征求反馈意见不仅仅是关于结果的反馈，而且还包括对进行过程的反馈，并时刻准备在必要时进行修改。

■ 接受不好的情况发生。这可能包括缺乏支持教练对象的资源、不得不处理的冲突、发现你的想法或方法存在反对意见。处理这些事件的方式将决定你是一个怎样的人和一个怎样的教练。

■ 鼓励教练对象主动跳出限制性思维模式。重复做同一件事很少能产生伟大的想法或得到学习经验。训练人们胜任工作的能力尚可，但支持他们变得有创造力才是真正的价值所在。说服你的教练对象，如果他们在某项任务中失败了，并不意味着你或这个人就是失败者；这仅仅表示他们没有完成任务。让他们分析未能完成任务的原因，以及下次可以做什么。如果他们再次失败，一定要比之前做得更好。如果失败是由你的训练导致的，则由你来分析可以采取什么措施。

■ 建立基于尊重和信任的关系。如果你们建立了这种关系，就可以挑战教练对象，设定艰巨的任务或提出具有挑战性的问题，双方都知道这样做是出于好意。

第五章

如何组建和管理团队

简介

建立一种共同的目标感和认同感，以便员工找到一个融入团队的理由。整个团队齐心协力，他们也会以团队的身份思考和行动。例如在升降机竖井中发生故障或起火等危机情况，生存的需求就成为普遍的目标。所有人都会本能地扮演他们认为能帮助小组生存的角色，例如战略专家、导师、问题解决者等。

在这一部分中，我研究了人们在团队中所扮演的角色，以及可能影响他们有效执行的因素。此外，还思考了管理者在促进团队有效合作中所扮演的角色。

英国管理大师查尔斯·汉迪讲述了一个很好的故事：当他对一群大学生做演讲时，他曾将效率低下的团队描述为一队船员，其中 8 个人向后退，彼此之间不沟通，并且指引者是一个能力较弱的人，无法看出他们要去哪里。他承认，他受到了观众中一名赛艇运动员的批评，这名运动员认为：恰恰相反，这是一支完美团队的典范；因为如果他们没有完全信任彼此并且信任掌舵者，他们不会在没有交谈或不看彼此的情况下有那么坚定的信心拉动船桨。我喜欢汉迪，但在这种情况下，我认为桨手比他强多了。

我想用美国汽车巨头亨利·福特的话来总结本章的全部内容。他这样形容团队组建："聚在一起是开始；保持团结是过程；携手合作是成功"。

理论 40　贝尔宾的团队角色理论

作为检查表使用，每当你组建新团队时，都可以使用该检查表来确认你是否拥有都适合该工作的正确人选。

要想使团队获得成功，梅雷迪思·贝尔宾（Meredith Belbin）认为，以下角色必须由团队的指定成员承担：

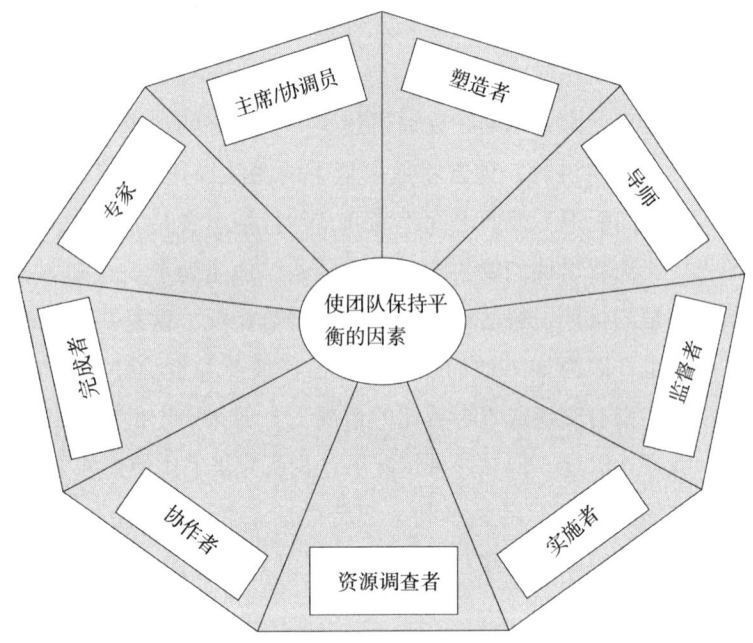

来源：Team roles and descriptions adapted courtesy of Belbin Associates.

■ **主席/协调员**设定议程，冷静且自信，负责使团队保持平衡。

■ **塑造者**旨在影响团队的决策；性格外向，即使不受欢迎，也会满足工作的需要。

- **导师/创新者**提出想法并开发解决问题的创新方法。

- **监督者/评估者**善于分析，且具备冷静、客观的态度，但他的批评可能会使团队成员感到不满。

- **实施者**努力将想法转化为行动；可能会因为不愿妥协而惹恼队友。

- **资源调查者**通常八面玲珑、风度翩翩；他们致力于找到所需的资源，并弄清楚对手的计划。

- **协作者**善于交际且认真负责；致力于将团队凝聚在一起，并帮助解决团队的人际关系和专业问题。

- **完成者/终结者**是坚定不移的，但可能会被视为热衷于不惜一切代价完成工作的人。

- **专家**在关键领域提供专业技术；可能会使其他人不满，因为他们会过于专注于自己的专业领域。

学以致用

- 从结束点开始考虑（请参见理论 6），并确定团队的目的和目标、可用资源以及必须满足的截止日期。

- 确定支持和反对项目的人（请参见理论 60）。这个信息至关重要。因为在任何项目的进行过程中都会出现问题，你需要知道可以信任谁。

- 确保团队中的新人可以承担上面列出的所有职能，即使这意味着有些人可能要承担两项或多项职能。

- 结合个人谈话和贝尔宾的团队角色调查表（可在线下载）来确定每个人的角色。

- 向每个人说明你对他们的期望。然后监控进度、发现问题并采取补救措施。如果不是你的问题（通常是管理者），请考虑下列情况及问题：

——团队目标缺乏明确性。你的塑造者在做什么？

——团队表现不佳。你的完成者是否称职？

——无法克服问题。你的导师在做什么？

——对问题的分析不到位。需要提醒你的监督者吗？

——难以将想法转化为实际解决方案。你的实施者在做什么？

——资源不足。你是否需要用一个可以灵活应对的人员来替换你的资源调查者？

——缺乏对团队目标的协调和承诺。协作者是否使团队感到失望？

——无法完成任务。你的完成者是否对这个项目感到厌倦？

——缺乏专业知识。你的专家是否具有适合该项目的专业知识？

一旦确定问题，就采取果断的处理措施。

问题反思

- 团队中有合适的人选吗？
- 我将如何监控进度？我的里程碑是什么？

理论 41　迈克比的博弈者理论

适用于确定团队需要的领导者类型。

迈克尔·迈克比（Michael Maccoby）专注于研究团队管理者的角色和责任。他确定了可以担任团队管理者的四种角色类型：

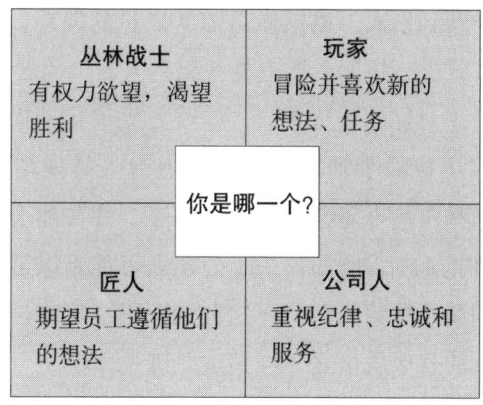

■ **匠人**：以发布命令为主，并期望员工服从命令。他们具有个人主义色彩，能够发挥创造力、自给自足，果断且真诚，但也固执和多疑。

■ **丛林战士**：坚韧、大胆和有竞争力。他们依靠力量和胜利的渴望而成长，为保护团队而战。但是他们也可能是自我驱动的、家长式的和专制的，他们咄咄逼人的态度可能会引起团队成员的不满。

■ **公司人**：忠诚、勤奋、渴望取悦他人的真正的团队合作者。他们以营造有纪律、有秩序的环境而得以成长，但过于保守，无法领导需要创新思维或具有冒险精神的团队。

■ **玩家**：冒险家，着迷于新技术和新想法，喜欢解决问题。他们在竞争环境下可茁壮成长，并且可以为团队带来激情。但是他们可能会冷漠无情，无法产生忠诚。

学以致用

■ 确定你有哪种刻板印象。采用该理论时要从实际出发。更好地是，询问其他人你有什么特点。不要使用迈克比所用的术语，这可能会吓到别人。根据你与团队成员的关系，你要采取直率或巧妙的方式进行提问。重点是找出别人对你的看法。

■ 知道员工对你的看法之后，你就要采取行动来强调角色的积极方面，并尽量减少消极方面。考虑引入其他角色的一些优势。当然，某些角色可能已经根深蒂固了，你可能会发现很难改变（请参见理论 11）。例如，一个公司人可能难以带领一支具有冒险性的、创新思维的团队。在这种情况下，可将创新的领导角色委托给团队的其他成员之一（请参见理论 40）。

■ 要认识到在团队发展的不同阶段需要不同类型的团队负责人。匠人是最开始制造用于保护的工具和武器的必要人物。丛林战士使用这些工具去征服环境并确保环境安全。适应环境后，公司人将进入并开始社会化进程。当人们成为一个具有凝聚力的单位时，玩家进入并推动幸存者达到更高的表现水平。

问题反思

■ 组织或团队处于什么发展阶段？

■ 团队需要什么样的领导者？我可以提供这种类型的领导吗？如果没有，我可以向谁争取帮助？

理论 42　李克特的团队管理风格理论

> 适用于了解你与团队之间的角色、职责和关系。

伦西斯·李克特（Rensis Likert）确定了四种风格来描述管理者与团队之间的角色、职责和关系。四种风格从专制独裁到同侪之首的管理方式，与领导风格之间有着明显的联系（请参见理论 12 和 13）。

李克特的管理风格：

剥削-专制式：管理者对团队成员几乎没有信任，因此，他们在进行决策时只需进行最低程度的协商即可。沟通方式是自上而下的。

亲切-权威式：管理者对团队表现出居高临下的谦逊态度，因此团队成员非常不愿意提出想法或建议。向上沟通受到限制。

顾问式：管理者对团队有很大但不完全的信心。尽管就关键问题进行了讨论，但谁拥有最终决定权是毫无疑问的。沟通大多是自上而下的，但也有迹象表明，自下而上的沟通是谨慎的。

参与式：管理者鼓励整个团队之间自由、开放地沟通。欢迎提出新想法。无须设置奖励和惩罚规则，因为团队承担一切责任。每个人对其他人都有绝对的信心。

李克特的分类体现了从高度以任务为导向的团队管理风格到高度以人为本的管理风格这一过程。

学以致用

■ 确定你喜欢哪种团队管理风格。你可以使用布莱克和莫顿的调查问卷来完成这个工作（请参见理论 13）。

■ 随着环境的变化，分析并确定在新情况下用哪种管理方法最有效。

■ 准备好根据环境改变你的管理风格。如果你需要快速且精确地完成某项工作，则可能需要采用专制和独裁的方法。恐慌消失后，你就可以将更多精力放在民主的、参与式的方法上。这关乎平衡个人、任务和组织的需求，并认识到这些需求在不断变化着。

■ 在承受压力时采取正确的方法是困难的。在实践中面对不同的场景之前，请先在你的脑海中进行演练，以便了解你将如何反应，为什么会以这种方式反应，变化将对你的团队产生什么影响，以及你将如何应对所带来的任何后果（请参见理论 70）。

问题反思

■ 我默认的管理风格是什么？

■ 我的团队对哪种管理风格反应最好？

理论 43　霍曼斯的群体形成理论

用于识别可能中断或破坏你的项目的外部因素。

乔治·霍曼斯（George Homans）认为，群体及其所处环境之间的相互作用会影响群体的行为和最终结果。

确定的五个因素是：
对团队施加的影响任务执行的物质限制。
群体共识的文化-个人信仰和价值观。
帮助团队完成任务的技术设施和资源。
管理团队成员的工作实践和个人发展的组织政策和规程。
社会经济因素，源于更广泛的政治、经济、社会和技术发展对团队产生的影响。

霍曼斯认为，受环境影响，团队会经历一系列的行为阶段。在开始时，他们以团队负责人期望的方式（要求或给定的行为）采取行动，然后开展除预期工作之外的工作（紧急行为），最终带来生产力的提高和个人的发展。

学以致用

■ 认识到你和你的团队并非独立工作。你们既受到组织文化的影响（请参见第六章），也受到更广泛的社会影响。

■ 使用 SWOT 和 PEST 分析方法（请参见理论 67）来确定可能影响项目的变量，并与团队一起确定如何处理所有已确定的事件。

■ 消除对团队的任何物质限制，因为这些都会影响团队的表现。如果工位狭窄，过度拥挤，而且地理位置与行动地点分开，你的团队自然会认为组织认为他们的工作不重要（请参见理论 23 和 26）。

■ 向团队灌输一套关于团队运作方式、处理手头工作、认识成功结果的共同价值观和信念。

■ 对团队中的每个成员进行培训，以便最大限度地利用他们可用的工具。人们常常不知道有哪些可用资源或如何充分利用它们。

■ 在常规组织结构之外工作的团队可能会受到管理常规组织生活的官僚作风的束缚。根据你可以不参与常规管理的程度，与管理层达成共识。

问题反思

■ 我是否也专注于组织内部正在发生的事情？

■ 我是否需要与团队以外的人讨论项目更广泛的意义？

理论 44　塔克曼的团队发展阶段模型（王者理论）

用于确定你的团队所经历的发展阶段，并相应地改变你的管理风格。

布鲁斯·塔克曼（Bruce Tuckman）于 1965 年首次提出了他的组建（Forming）、激荡（Storming）、规范（Norming）、执行（Performing）模型（简称 FSNP 模型），并与玛丽·詹森（Mary Jensen）于 1977 年增加了第五阶段（休整，Adjouring）。该模型描述了团队从最初组建到完成工作的整个过程。

结束

第五阶段 休整：小组完成任务后解散。根据任务的结果，他们会有一种失落感或解脱感。

第四阶段 执行：在朝着共同目标努力的过程中，个人和团队中其他成员的自信心都会增强。

团队的发展

第三阶段 规范：小组找到解决冲突的方法，并开始成为一个有凝聚力的整体。给予建设型的批评和反馈意见，成员开始彼此合作。

第二阶段 激荡：随着个人议程的出现而发生冲突。成员们会维护自己，并开始质疑决策、挑战权威性。

第一阶段 组建：成员开始互动，并设法确定对他们的期望。兴奋和热情中带着恐惧和不确定性。

开始

学以致用

■ 从团队开始组建时就提供指导。明确团队的目的、宗旨和目标，以及你对每个人的期望。讨论并商定工作的基本规则，听取成员提出的任何疑虑并加以解决。

■ 在激荡阶段，准备好应对对你权威的任何挑战或团队间的争执。你处理这些问题的方式，将会为你期望人们在整个团队的运行过程中表现出的行为定下基调。被动或主动采取行动可能不符合团队的最大利益。尽可能寻求双赢的解决方案。

■ 随着团队的成熟并进入规范阶段，你的角色将转变成支持者之一。到这个阶段，团队将建立起自己的冲突解决方式，并且团队成员之间也会建立足够的信任，以便在受到建设性的批评时不会感觉受打击。因此，请坐下来观察，让团队解决自己的问题。

■ 团队开始具有凝聚力，此时无需再担心，进行监督即可。让团队继续前进。如果你对他们进行了正确的培训，他们只会在需要帮助时与你沟通。

■ 任务完成后，庆祝团队的成功并感谢每个人的贡献。

问题反思

■ 随着团队的成熟，我是否做到了自我约束以便逐渐退居幕后？

■ 我如何知道我是否限制了团队的成长？我应该寻找什么迹象？

理论 45 惠伦的团队发展综合模型

用于加深你对团队所经历的发展阶段的理解。

苏珊·惠伦（Susan Wheelan）以塔克曼模型为基础（请参见理论44）建立了自己的模型，并提出团队通过简单的合作过程即可达到成熟。她指出，一个团队在一起的时间长短和他们的行为方式之间存在着重要的关系。她用基于生命发展周期的四个阶段模型描述了这些关系。

结束

团队的成熟度阶段

成熟期：随着团队对角色和目标了解越来越清晰，绩效也会提高。

成年期：随着团队开始团结起来，角色和结构逐渐规范化。

青春期：领导权威受到挑战。发生价值观冲突、分歧、形成小组和联盟等情况。

婴儿期：团队成员取决于领导者的指导和支持。从众心理很强，成员担心被拒绝。

开始

为了配合该模型，惠伦开发了一个团队发展观察系统（GDOS），用于评估每个成员对其团队所处阶段的看法。使用该系统可以改变团队的管理风格，从而适应团队的发展阶段并满足其需求。

学以致用

■ 在第一阶段（婴儿期），找到表现出婴儿期所有特征的团队成员，例如依赖、不成熟、被需要的欲望。对这些人投入时间和精力，向他们说明你想要什么，回答他们提出的问题，提供支持并为你期望他们有的行为提供模型。

■ 在第二阶段（青春期），你可能会遇到价值观冲突、对权威的挑战、分歧和争执。请保持镇定，并记住这不是针对个人的（请参见理论 31 和 92）。提供机会和时间让员工之间互相沟通。利用这些沟通，强调你希望团队展示的共同价值观。

■ 第三阶段，随着团队进入年轻成年阶段，第二阶段的情况会逐渐缓和。如果你希望团队完全成熟，就必须避免过多地参与团队的决策。充当引导者，而不是主管，让团队自己纠正错误。

■ 第四阶段（成熟期），让你的团队有信心和信念去完成即使是最具挑战性的任务。给他们空间，不要干涉，但要时刻关注他们并庆祝他们的成就。他们可能会脱离你的控制，但是（希望如此）他们仍然会尊重你，并珍惜你的建议、赞美和欣赏。

问题反思

■ 我是否有能力在每个阶段为团队成员提供支持？
■ 在团队之外有人可以与我私下交流并为我提供帮助吗？

理论 46　洛克的目标设定理论

用于你希望通过设定目标来激励、监督和管理员工。

埃德温·洛克（Edwin Locke）提出，目标的难度和具体程度与团队的表现之间存在关系。

成功设定目标的五项原则：

■ **清晰**：当目标明确且具体时，团队内部对于谁应该做什么、采用什么标准以及在什么时间范围内做什么的误解就会减少。

■ **挑战**：挑战和成就是团队的动力。一个"好"的目标通常是一个困难但可行的目标，并且团队成员相信，一旦实现它，就会给他们带来极大的成就感。

■ **承诺**：如果团队认为他们参与了目标的制订，那么他们"达成"目标的可能性会更大。

■ **反馈**：团队对领导者阐明期望、调整目标并认可成就等行动做出积极地回应。

■ **任务的复杂度**：团队可能会因为收到具有挑战性的任务而感到兴奋，但如果任务过于困难，他们也会不知所措。

洛克指出，目标设定的根本目的是促进成功。如果管理者未能明确、具体地制订目标，员工将会受挫并阻碍其实现目标。

学以致用

■ 要认识到，如果你的团队表现不尽如人意，那么问题可能出在你身上。你是否设定了具体的、可衡量的、可实现的、切合实际的且有时间限制的目标（SMART 目标－参见理论 97）？如果没有，请重新设定。确保每个目标都具有挑战性和现实性。目标太高，会使团队受挫。目标太低，团队会感觉无聊、没兴趣。

■ 设定 SMART 目标后，再请员工设定自己的目标。让他们使用 SMART 方法，并确保他们的目标与团队的目标一致。通过这样做，你可以让每个人都有动力，并且有决心向一系列完整的个人和团队目标努力。

■ 定期向个人和团队反馈，但不要过头。你不需要召开日常团队会议或议程商定会议。相反，在每天与人交流时提供反馈，并举行简短的会议来讨论和记录进度。

■ 对于复杂的工作，请格外留意，确保你不会压倒团队的士气。那些习惯于完成复杂任务的团队成员可能会竭尽全力来大显身手。但是经验不足的员工可能会感到压力很大。留意他们并定期与他们交流。

问题反思

■ 我是否为团队和团队中的每个人设定了 SMART 目标？

■ 我的会议是有助于团队实现目标还是放慢了进展速度？

团队理论总结

为什么塔克曼的模型被誉为王者理论

选择贝尔宾或塔克曼还是惠伦的理论，真的是一个难题。过去，我曾经广泛使用贝尔宾理论，但后来选择了塔克曼，是因为他强调了组成一支强大的团队需要采取的行动。他的理论过程很简单且很精彩。你需要做的是：

- 将大家组合到一起；
- 和大家交流；
- 让大家沿着相同的思路来考虑问题；
- 解决矛盾；
- 对其自身的工作或绩效负责。

选择团队成员时，不仅要确定这些人具有贝尔宾所述的技能，而且还要能够补充你的优势并弥补你的劣势。

拥有团队之后，请专门用一些时间来阐明你的目标。无论你的目标是什么，只有当你清楚地知道"它"完成后会是什么样子时才能"建立它"。不要半途而废。迈出第一步之前，请明确要做什么。只有这样，你才能清楚地向每个人介绍其角色和职责，然后向整个团队说明各项工作的负责人是谁。这样可以明确每个人的角色和职责，避免混淆，使团队能够各负其责。

随着团队开始工作并发展自己的个性，请随时注意，你可能需要改变你的管理风格。任何成熟的过程都涉及学习处理自己的问题。在某些阶段，你必须给团队自由，让他们自己处理冲突。你可能会很想干预，但如果这样做，会阻碍团队的成长。

第六章

如何分析组织文化

简介

本章旨在帮助你确定组织中存在的文化。提供了关于如何与员工一起使用这些理论的建议，但这些理论的主要目的是帮助你确定并理解你所在组织的文化。这是至关重要的一点。如果你与组织的文化格格不入，你会觉得工作环境非常不舒适。

什么是组织文化？我曾经咨询过一家大型汽车制造商的工作人员。他们的回答范围从"宗教信仰"到"如果你在星期五晚上不洗杯子，杯子底部就会长出东西"。

我一直在寻找一种组织共享的原则、意识形态、政策和实践会产生什么样的回应。我对每条评论的贡献表示感谢，例如"价值观和信念必定会影响文化"以及"就像你杯子里未清洗的污迹一样，文化是一个有机的过程，最终产物可能是有害的或具有治愈作用"。

本章介绍了多种观点，从实用的方法到广泛的隐喻。这些观点的共同之处在于，用不同而有趣的方式来分析和思考组织文化。它是什么？它是如何建立的？如何维持？它对组织中的人产生了什么影响？

虽然不同机构的组织文化确实存在很大差异，但也有相似之处。大多数组织文化可以归类为组织本身（人们对组织如何开展业务的印象）或组织所具备的东西（其基本价值观和信念）。

阅读以下内容，你可以采纳那些对你有吸引力且可以在工作中付诸实践的想法。我想说的是，你不能只依赖一两个理论，你可以有多种选择。组织文化是多方面的，如果你希望清楚地了解所处的环境，就要从多个角度进行研究。

理论 47 汉迪的组织文化模型（王者理论）

> 汉迪的组织文化调查问卷可以帮助你快速了解自己所在组织的文化以及你对此的感受。

查尔斯·汉迪（Charles Handy）提出，所有组织文化都包含四种不同的亚文化。这些亚文化之间的精确混合或影响产生了特有的组织文化。以下表格对亚文化进行了总结：

俱乐部（或权力）	角色（或官僚）
这种文化像蜘蛛网。蜘蛛非常强大，如果他们移动，蜘蛛网就会摇晃，在这个网上的所有人都会随之跳跃。在俱乐部文化中，权力掌握在一个人或一小群精英手中。	这种文化像希腊神庙。庙宇的每个支柱都代表着关键的职能或部门。这种组织结构是分级的，人员按照其职务说明进行工作，并遵守规定的规则和程序。
任务（或团队）	**存在（或个人）**
这种文化像网络。团队合作主要用于解决问题。任务完成后，团队就解散了。	这种文化像穹苍中的星星。它基于个体，个人需求凌驾于对组织的忠诚度之上。大律师事务所就是这种文化的典型代表。

尽管每个组织的文化中都存在这四种文化的元素，但其中一种元素可能会主导其他元素。

学以致用

■ 使用《管理之神》（*Gods of Management*）一书中的汉迪调查问卷，确认你所在组织的文化与你理想的文化类型之间的不符之处。

■ 如果你乐于在这种文化下工作，请在你的组织中找到一位成功的管理者。分析他们的行为方式，并根据他们的行为来规范自己的行为。

■ 在俱乐部文化中，你的权威、权力和信誉取决于你与中心力量的关系，这个中心力量是指个人或团体。要取得成功，你必须成为"组内"成员（请参见理论 20），并以其认可的方式做事。

■ 在角色文化中，了解组织规则和程序的专家拥有巨大的权利和影响力。因此，无论多么无聊，你都要研究组织的规章制度，并知道如何使用它们以使你受益。

■ 任务文化为年轻管理者提供了发光发热的机会。自愿领导任何向高级管理层报告的团队。如果你是一名高级经理，可以通过团队建设的方式来发展和奖励自己的员工（请参见第五章）。

■ 在每个组织中，都有少数人相信组织的存在是为了他们的利益。这一小部分人中可能有一两个是有用之才，因为他们通常会跳出思维定势。但是，作为管理者，你需要在控制他们的过度行为的同时令他们施展才能。

问题反思

■ 组织的主导文化是什么？

■ 组织文化对我的管理风格有什么影响？

理论 48 迪尔和肯尼迪的风险和反馈模型

用于确定组织当前可接受的风险和反馈水平。

泰伦斯·迪尔（Terrence Deal）和阿伦·肯尼迪（Allan Kennedy）认为，组织文化的基础是由风险程度和反馈速度决定的，后者决定着组织的运作方式。他们确定了四种不同的文化类型。

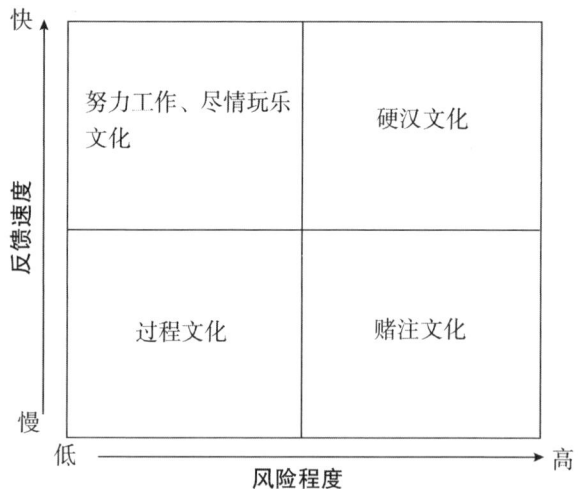

来源：Adapted from 'Risk & Feedback Model' from Deal, T. E. and Kennedy, A. A., Corporate Cultures: *Rites and Rituals of Corporate Life*（Penguin, 1988）Courtesy of Peters, Fraser & Dunlop.

努力工作、尽情玩乐文化：这是一种在健康和安全等方面存在较小风险的文化，但在客户满意度方面需要迅速的反馈。

硬汉文化：包括一个个人主义者的世界，这些人经常冒险承担高风险的工作，并能迅速获得有关其行为是对还是错的反馈。

赌注文化：在这种文化中，人们会做出高风险的决定，但是他们可能要等上几年才能知道自己的行动是否真正奏效。

过程文化：这也可以被描述为一种官僚文化。存在于风险低而反馈缓慢的组织。

对风险和反馈做出积极响应的良好的组织文化可以推动组织走向成功。

学以致用

■ 列出组织在过去 12～18 个月内做出的各种决策。将这些风险分为低、中、高风险。然后考虑组织期望多快收到每个决策的成败反馈。这将为你提供组织的风险反馈资料。

■ 考虑你愿意承担的风险水平。这不只是需要表面的评估。回想一下那些让你彻夜难眠的任何决定。它们是衡量你应对风险或不确定性水平的良好指标。将其作为基准，并与组织的概况进行对比。如果你对组织过于谨慎或过于冒险，那么你应该认真考虑是否该离职了，除非你可以改变组织文化（请参见理论 85 和 86）来匹配你影响风险变化的权力。

■ 如果发现差距是可以弥补的，就不要轻易放弃。找出你的行为方式与组织期望的行为方式之间的差距。然后制订一个行动计划，通过 SMART 目标（请参加理论 97）来缩小差距。

■ 在日常工作和与员工的交流过程中，规范化采取组织期望管理者应有的行为方式（请参见理论 11、12 和 13）。如果他们想要一个专注于任务、雄心勃勃的年轻管理者并且愿意冒险去挑战更高职位，那么你别无选择，只能给他们机会。毕竟，这就是你的目标。

问题反思

- 在我的组织中，哪类行为会受到表扬？
- 我对管理者期望承担的风险水平感到满意吗？对我来说是太高还是太低？

理论 49　摩根的组织隐喻

用于明确你和你的员工对组织文化的感受。

摩根（Morgan）用一系列隐喻描述了组织文化。

摩根的八种文化隐喻：

机器：基于高效、标准化和受控的程序，每个单元的运行就像车轮的齿轮。

生物体：一个生命系统，具有出生、成熟、死亡的生命周期——适者生存。

大脑：一个涉及信息处理的学习环境，重点强调知识、智力和反馈。

价值观：基于价值观的组织，强调传统、信仰、历史和共同愿景。

政治制度：一种维护利益和权利以及具有隐藏式议程和联盟的文化。

精神监狱：对压迫和衰退产生有意识和无意识感觉的文化。

不稳定与变革：将文化视为变革的漩涡，有时是有益的，但有时是混乱且自相矛盾的。

统治工具：代表一种以侵略、遵守、剥削和强加价值观为基础的文化。

摩根指出，隐喻为组织的灵魂创造了窗口，并使我们能以不同的方式观察、理解和想象组织。

学以致用

■ 以摩根的见解作为起点，创建你自己的隐喻。给员工一张白纸，请他们绘制一幅组织文化的图景。需要强调你想要的是一幅图，而不是组织的结构表。

■ 你很可能会看到各种树木、喷壶、计算机，甚至可能是被包围的古堡。更有趣一些的场景可能包括银河之间的战争，或带有尖牙和爪子的泰迪熊（我有这些场景）。通过这些图，你可以更好地理解员工是如何看待组织的。

■ 询问每个人的图表示的是什么意思。仔细听他们讲解，找出问题所在。例如，喷壶上可能有一个洞，或者喷头上可能有堵塞物，阻碍水到达预定的目标。首先处理隐喻中的问题，然后返回现实世界来处理实际问题。在这种情况下，很有可能说明重要的信息没有传达给员工。

■ 如果你不喜欢模棱两可的语言和情感表达，那么隐喻可能不适合你。如果你愿意冒险，可以在安全的环境中尝试一下，看看员工会提出什么建议。我敢打赌，这么做，你会得到他们对组织看法的许多宝贵见解。

问题反思

■ 我是否认为整个团队具有与我相同的组织图景？

■ 我的回答对我如何对待员工有什么影响？

理论 50　格拉维的文化领导力理论

用于明确组织的主导文化。

德斯蒙德·格拉维（Desmond Graves）认为，通过观察组织负责人的性格可以了解组织文化。他提出了四种可能的文化：

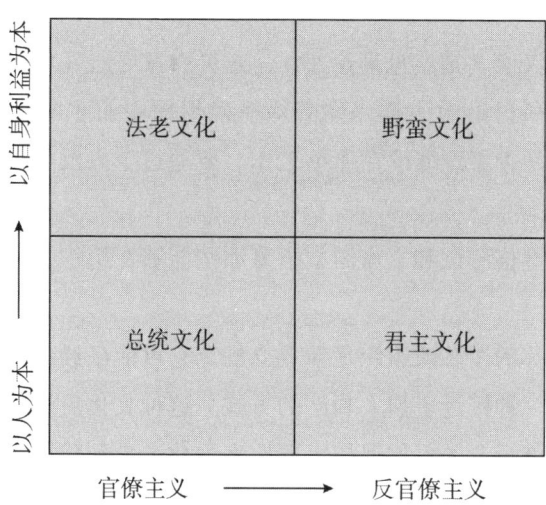

来源：Adapted from Graves, *D.*, *Corporate Culture*; *Diagnosis and Change*; *Auditing and Changing the Culture of Organizations*（Palgrave Macmillan, 1986）.

法老文化由个人主导。他们官僚主义，以自我为中心。通过对地位、仪式和秩序的强烈遵从来保持文化领导力。

野蛮文化由一种不祥的预感所主导。他们是自我驱动的、反官僚主义的。通过不确定性、恐惧和魅力的混合来保持文化领导力。

总统文化是官僚主义的，注重民主、地位和协调。通过考虑人们的需求和愿望来保持文化领导力。

君主文化是反官僚主义的，以对领导者绝对权威的信仰为主导。通过追随者确信无疑的忠诚来保持文化领导力。

在这些定型观念中，格拉维认为象征性的领导是鼓励人们为有价值的工作而努力的一种方式。

学以致用

■ 正如汉迪（请参见理论 47）、迪尔和肯尼迪（请参见理论 48）的理论所讨论的一样，你必须明确组织中占主导地位的文化，并决定是否愿意继续在那里工作。要通过个人反思来做出这个决定。

■ 通过性格测试和工作面试招募那些能够在组织文化中蓬勃发展的人。

■ 如果你的团队或组织是新成立的，它可能已经具有野蛮文化的特征：一种接近于损人利己的方式。这种文化更适合赢得生意，而不是维持业务。你迟早需要改变文化，来创建稳定和结构化的组织或团队。

■ 法老文化可能会支持创造力和想像力，但无法解放劳动力。这是一种重视位置、遵循正确程序的文化。在快速变化的时代，你需要采用新的方法。

■ 总统文化不像野蛮文化和法老文化那样具有自我驱动性，但是地位、合作、考虑员工需求的愿望会使它行动缓慢且棘手。在危机时期，你必须采用更具指导性的方法。

■ 君主文化体现为对统治者的忠诚。在许多组织中，统治者就是创始人。但是随着组织的发展，一个人难以支撑，必须与他人共享权力来分散领导压力。

问题反思

- 现有的文化是否能满足组织的需求？
- 如果文化不合适，我该怎么做？

理论 51 希恩的三层次组织文化

用于了解价值观和信念在你的组织中所扮演的角色。

埃德加·希恩（Edgar Schein）是组织文化方面的重要思想家。他指出，组织文化取决于组织自身具有的基本信念。这些信念有意识或无意识地定义了什么是组织，以及组织如何应对外部竞争和内部整合的问。

外在表现：这些包括人工制品、仪式、神话和传说，它们向所有关心组织的人传递了一个信息。

信奉的价值观：这些价值观为所有员工提供了共同的方向，并为可接受的行为提供了指南。

基本假设：这些是所有员工对组织的无形的、潜意识的、经常被视为理所当然的理解。

希恩理论表明，组织是一种社会构建的实体，在员工心目中，就像组织的具体结构和规则一样，会对他们产生影响。因此，要了解组织文化，你必须了解员工如何看待组织。

学以致用

■ 要了解组织文化，你必须像侦探那样寻找各种文化线索。

■ 要识别外在表现，请问自己以下问题：工作场所是否整洁？员工是在非正式的开放式办公室中工作且彼此之间闲逛聊天，还是在封闭的独立办公室中工作并通过电子邮件进行交流？
会议是围绕新想法进行生动地辩论，还是严格按照权威领导者制
订并发布的议程进行？

■ 要确定深深印在员工脑海中、令其深信不疑的价值观和基
本假设，你需要与他们交流。讨论会的形式非常有效，但是你要
确保机密性，如果员工表达的观点可能会遭到权威领导的反对，
这样可以避免他们受到责怪。如果员工对你没有畏惧，那么一对
一的交流可能更合适。你甚至也可以考虑采取小组座谈的形式。

■ 收集数据后进行分析，通过你得到的信息来描述和理解组
织文化，并确定可接受和不可接受的行为以及管理和领导的
方法。

问题反思

■ 我需要收集什么数据来判断组织文化？
■ 我该如何处理得到的信息？

理论 52　约翰逊和斯科尔斯的文化网

用于了解构成组织中恰当或不恰当行为的元素。

格里·约翰逊（Gerry Johnson）和凯文·斯科尔斯（Kevan Scholes）的文化网模型用七个相互关联的元素描述了组织文化。这些元素构成了一组行为，明确了组织中哪些行为被视为恰当，哪些行为被视为不恰当。

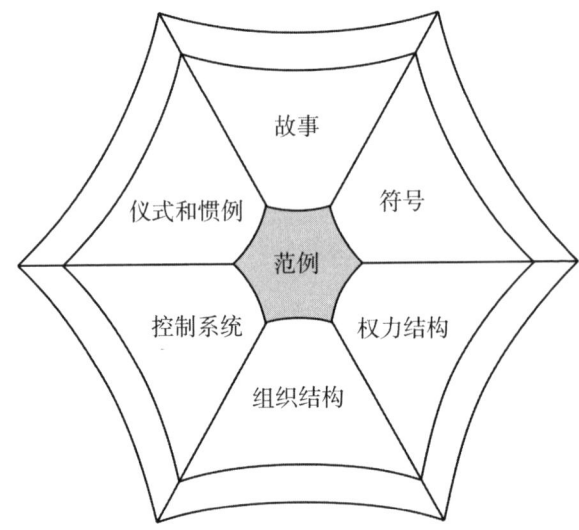

来源：Adapted from Johnson, G., Whittington, R. and Scholes, K., *Exploring Strategy：Text and Cases*（9th edn）（Pearson Education, 2011）.

范例是关于组织的一组假设，每个假设都是理所当然的，并被所有人认可的。

仪式和惯例描述了"我们如何在这里做事"，以及组织成员之间如何相互配合。

故事是由组织成员之间相互讲述，或者向组织外的人、新进人员等讲述，并将当下情况和组织历史联系起来。

符号是诸如徽标、行话和图像之类的东西，是描述组织性质的一种简写形式。

权力结构涉及组织中真正的推动者和动摇者。他们可能是特定的个人、小组或部门。

控制系统包括绩效管理和奖励系统，用于强调组织的重要内容，并将注意力集中在特定的活动上。

组织结构涉及管理层次、报告系统和决策过程。

学以致用

通过提问来审查组织文化网络中的每个元素，并确定任何必要的变革（请参见第七章）。

■ 组织采用何种文化范例？组织文化与既往历史有多少联系？是否统一？这样持续多长时间了？我和组织中的其他管理人员是否有尝试调整组织的战略和文化，还是组织文化"决定"了战略而不是管理？

■ 我和大家无意识地遵循了哪些仪式？我认为我采取的工作方式中哪些方面是理所当然的？我或我的同事是否需要改变我们的工作方式？

■ 组织向员工、客户和供应商传达了什么故事或消息？他们给人留下了什么印象？拉特纳斯（Ratners）曾是英国最成功的珠宝商，它一夜之间倒闭了，因为该公司的董事长杰拉尔德·拉特纳在接受采访时说，他之所以以 3.99 英镑的价格出售一条"金"项链，是因为它是垃圾。他的本意是开玩笑，但它揭示了组织对客户的看法。

■ 组织的标志（例如徽标、宣传材料、网站和新闻稿）向别人传达了哪些信息？

■ 组织内部的权力基础如何影响我有效运作的能力？（请参见理论 60 和 86）。

■ 根据上述信息与员工、同事和高级管理人员打交道，使用文化上可接受的方式回答他们的问题。你也会知道何时、何地以及如何在需要且对你有利的情况下，投掷一枚文化手榴弹以发挥它的威力。

问题反思

■ 我所在的组织有哪些出色的不成文的规则？

■ 维护当前的组织文化对谁有利？

理论 53　霍夫斯泰德的六个跨组织的文化维度

用作改变组织文化时的检查清单。

　　盖特·霍夫斯泰德（Geert Hofstede）提出六个维度来描述组织文化。他将其摆在一系列相反的位置上，并要求使用者标出其组织在六个连续体中分别所处的位置。

霍夫斯泰德的六个维度：

过程与结果：以过程为导向的文化是低风险、低工作量的。以结果为导向的文化欢迎变革和挑战，并且需要付出很大的努力。

人与工作：以人为导向的文化将员工福利置于组织的核心位置。以工作为导向的文化强调完成任务胜于尊重员工。

狭隘与专业：在狭隘文化中的员工在工作中表现出与在家中相同的特征。具有专业文化的人会区分他们在家庭和工作中的行为方式。

开放系统与封闭系统：开放的文化欢迎新来者和外来者。而刚加入封闭文化的新人需要努力争取被接受。

宽松与严格控制：在宽松的文化中，工作习惯是灵活的，着装和计时等是宽松的。严格控制的文化在工作场所的实践和行为等方面几乎没有余地。

规范与务实：在规范的文化中，需要严格遵守规则、规定和程序。务实的文化可以在满足客户需求的情况下灵活地遵循程序。

学以致用

　　■　如果你决定从过程驱动型文化转变为结果驱动型文化，请注意不要给员工带来太多的挑战。如果你的变化方向相反，请确保高绩效的员工不会因缺乏挑战而感到无聊。

　　■　如果要求那些习惯了以人为导向的文化的员工更加专注于

工作，你可能需要提高敏感度。但是不要纵容那些朝相反方向转移的员工，因为他们可能会觉得这种对待不舒服。

■ 一些家庭生活有条理的人可能会将这些优点带入工作。他们狭隘的做事方式可能比你现有的要好，强迫他们采取专业的方法可能会适得其反。

■ 多留心那些曾经在封闭系统文化中工作的员工。在极端情况下，他们可能会认为自己是"被选中的人"。他们会对进入自己工作领域的人产生怀疑，如果他们进入了一种开放的文化，他们可能会不知所措，并且会对新同事的热情产生怀疑。

■ 习惯于对着装和一般行为不拘小节的员工可能会发现很难接受更正式的环境。而朝相反方向转移的人也是如此。请给两组人员调整的时间。

■ 从务实文化转向规范文化的员工需要接受对遵循的规则和程序的不同期望，反之亦然。请务必清楚这些差异是什么，以及对员工的期望是什么。

问题反思

■ 我为什么要改变组织文化？

■ 改变文化有什么好处？

理论 54　哈格里夫斯与巴尔干文化

用于增强组织中的团队合作精神。

　　哈格里夫斯（Hargreaves）在撰写教育的相关内容时发现，学校或大学具有一种单一的至高无上的文化，但许多科系却有着截然不同的文化。例如，艺术和人文科学系的文化与科学或工程学系的文化就存在很大的差异。他把这比作巴尔干半岛，在一个局外人看来，许多州似乎都存在一种很统一的共同文化，但仔细观察会发现，每个州都有一种截然不同的文化。

巴尔干文化的五个主要特征：

每个部门、科系或团队（亚组）都将自己视为与组织其余部分独立的实体。

随着时间的流逝，每个亚组都会形成自己独特的文化。

不同群体的文化之间存在"低渗透性"。每个小组都竖起墙壁，阻止其他小组的影响。

这些障碍一旦形成，就很难突破或消除。

随着时间的流逝，人们逐渐对亚组的身份产生依恋，并形成一套他们积极提倡的自我利益，即使它们与整个组织的利益相冲突。

　　虽然该模型侧重于教育，但显然适用于任何大型组织。例如，任何组织的会计和销售部门都存在截然不同的文化。

学以致用

　　■ 将其作为理论来增强团队合作精神。首先谈谈你的小组与组织中其他小组之间的差异。使你的团队与众不同，鼓励团队发展独特的传统和实践。

■ 鼓励团队认为自己与众不同，甚至是独树一帜。让你的员工为能加入组织中最好的团队而感到自豪，并宣传这样一种理念：只有最好的员工才能进入你的团队。

■ 每个人都喜欢竞争。与组织中的其他团队建立良性竞争关系，并在"击败"他们时和团队庆祝，即便其他团队可能不知道他们参加了比赛。

■ 尽管你希望团队认为自己很特别，但他们必须了解，如果他们赢了而组织输了，那是没有用的。他们最终忠诚的必须是组织。不要陷入局部优化的困境。

■ 无论何时，你在组织内部调整工作时都要考虑巴尔干文化。花一些时间了解新团队的文化。当你了解它并评估了其优缺点时，才应考虑更改或取缔它。

问题反思

■ 组织中存在哪些巴尔干文化？

■ 我如何利用巴尔干文化的理念来提高团队的业绩？

组织文化理论总结

为什么汉迪的理论被誉为王者理论

之所以选择汉迪理论作为王者理论，得益于他使用的调查问卷，通过这种方法你可以快速了解自己的组织文化，并可以从某种程度上衡量这种文化和你的组织的匹配度。没有其他理论可以为你提供如此详尽的信息，且无需付出太多努力。你越了解自己和你的组织，结果就越准确。即使你只是在组织中工作很短的时间，你仍然可以从调查问卷中获得一些有用的信息。

在尝试改变组织文化之前，要明确这样做谁可以从中受益。如果仅仅是因为你不喜欢某些东西，并不意味着需要改变它。改变任何组织文化都是有风险的，需要深思熟虑，而不是一时兴起的举动。组织文化完全有可能不需要改变。还记得这个故事吗？在儿子的军队阅兵式上，一位自豪的母亲大声说，除了她的吉米，所有人都跟不上节奏。也许是其他人需要改变来适应你偏爱的文化，但是你能承担错误的代价吗？古语云"如果东西没坏，就不要去修理它"，可能说的就是这种情况，但我更喜欢说"如果你认为它没有坏，可能是因为你看得不够仔细"。

如果你希望组织取得进步，就需要确定组织的现有文化，组织要在未来蓬勃发展需要什么文化，以及在需要进行更改时如何实现改变。请在回答完这三个问题之后再着手。

最后请切记，任何中型或大型组织都可能并存多种亚文化。这样可以帮助建立团队合作精神，但是所有亚文化都必须为组织的福祉做出贡献，而不是削弱组织的福祉。还请牢记，如果你认为要改变组织文化，可能你需要做的只是改变一种根深蒂固的亚文化。

第七章

如何管理变革

简介

　　"如何吃下一头大象"的常见回答是"一次咬一口"。（回答的时候请不要抱怨为什么要吃大象；我和你一样热爱大象。）这是你采取成功变革所需的最正确的方法。变革是一个漫长的过程，不能强加于人。如果需要请抓紧行动，否则你将付出高昂的代价。

　　所有的变革都会引起恐惧和惶恐以及兴奋和期待。每个人对变革的看法都不一样。有的人可能觉得新鲜和刺激的事物是可怕的。面对未知的事物和变化带来的不确定性的能力也因人而异。我知道一分钟的文字无法解决你在管理变革流程中遇到的所有问题。但这可以使你更多地了解人们在面对流程的不同阶段时所遇到的问题，并提供一些有用的想法来帮助你开解那些压力很大的人。

　　本章所有小节共同提到的一点是，在变革期间需要良好的沟通。良好的沟通要求管理人员花更多的时间去聆听，而不是说。但是，像英国人一样，太多的管理者认为，当他们说话足够"慢"并且"大声"时，就能被理解了。

理论 55 库伯勒-罗斯的变革周期

用于跟踪人们经历任何重大变革的过程，并提醒你只有所有人都接受之后才表示你的工作完成了。

伊丽莎白·库伯勒-罗斯（Elisabeth Kübler-Ross）的五阶段变更周期旨在帮助人们应对丧亲之痛，经过调整后，被用以反映任何重大变革事件的阶段，包括工作变化。

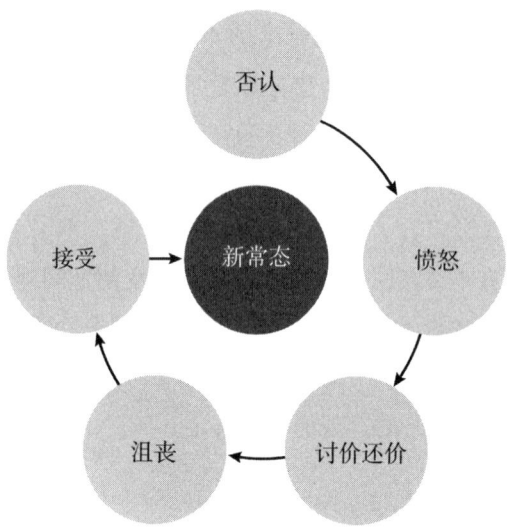

否认：这是初始阶段，麻木、震惊的一种怀疑状态。它可能导致有意识或无意识地拒绝接受正在发生的事情。

愤怒：当接受现实情况时，否认就变成了愤怒，包括自责或对他人的愤怒。

讨价还价：想要解决所面临的问题或推迟不可避免的事情。

沮丧：如果讨价还价失败了，就会到达这个阶段，此时接受现实情况，人们会感到悲伤、遗憾、失落等。

接受：处理好悲伤和遗憾情绪之后是接受阶段。一旦个人意识到变化是永恒的，就会开始接受。

库伯勒-罗斯提示，不要按顺序进入各个阶段。他们有可能在特定阶段停滞不前，甚至退回到上一个阶段。在达到最终接受状态之前，这种后退是过程中的一个重要部分。

学以致用

■ 尽早与员工讨论提出的变革。这将使他们对事件有主人翁感和控制力，并可与你建立信任。

■ 请切记，变化可能对你来说是令人兴奋的，但对许多人来说却是可怕的。人们害怕未知，担心自己会失去地位，无法适应新世界。请在工作的每个阶段都提供支持，帮助员工克服恐惧，使员工有机会与你或其他主管讨论他们的恐惧、选择和机会。

■ 请切记，人们经历变化周期的速度不同。他们甚至可能会卡在某个特定阶段，或者因事件退回到更早的阶段。请随时关注这些人并提供支持和帮助。

■ 尽可能与员工沟通。不要将交流限于正式会议上。通过MBWA（请参见理论 7）的方式发现员工的感受和想法。详细回答员工提出的问题。如果你不知道答案，请说"我会在 24 小时内回复你"。始终兑现诺言，请不要试图虚张声势以摆脱问题。员工不信任那些只会撒有机肥料的管理者。

■ 从一线员工中任命变革倡导者（请参见理论 59）。他们可以立即回应质疑，阻止谣言和错误信息的传播，并充当你与第一线员工之间的纽带。

■ 让员工有机会公开讨论他们的担忧和疑虑，并尽早为所有员工提供培训。这可以减少员工对未知的恐惧并建立信心。

问题反思

■ 我可以依靠谁给我帮助和支持？
■ 谁可能反对我？

理论 56 约翰逊的三大项目管理规则

用作项目团队报告程序的基础。

凯利·约翰逊（Kelly Johnson）为飞机制造商洛克希德·马丁公司（Lockheed Martin）的项目工作设计了 14 条规则和实践。其中许多与公司的工作实践有关，下文介绍了三条规则，它们被视为在公共或私营部门中有效实施任何变更项目至关重要的规则。

约翰逊的项目管理三规则

第 1 条：必须将项目投入的人数保持在最低限度。人越多，沟通和管理就越复杂。

第 2 条：尽量减少会议。约翰逊建议每周举行一次团队会议，以确认进度并考虑是否需要对项目进行任何更改，并建议项目经理和项目发起人每月召开一次会议。他认为更多的会议会适得其反，并且增加行政管理负担。

第 3 条：只写两种定期报告。每周向项目团队发送一份报告，详细说明当前计划进度；每月向赞助商提交一份项目最新进度报告的副本和详细的财务报告。除此之外，无需花费时间提交其他任何报告，从而可以更好地投入项目中。

学以致用

■ 保持小规模团队，易于管理。这有助于团队沟通，并保持目的明确。此外，在小规模团队中，可以更快地建立团队精神和团队认同感。

■ 一旦项目启动并开始运行，并且看起来向成功的方向进行时，你会惊讶地发现有多少追名逐利的人想跟风加入。抵制所有

"寄生虫"。

■ 每星期五下午或星期一早上与项目团队举行一次简短的进度会议。通过会议来监控计划进度并确定下周工作的优先顺序。

■ 学会说"不"。每次你同意工作计划的改变时，都会减少你按时完成工作的机会。

■ 在每周的进度会议上，除非绝对必要，否则拒绝所有对项目进行更改或优化的请求。记录所有被拒绝的建议，作为项目第二阶段要处理的问题。

■ 在月底的团队会议上，列出预算/实际报告，并采取必要的纠正措施。

■ 在每次团队会议结束时，通过 SMART 目标列出下一周"必须达成的目标"（请参见理论 97）。

■ 在每月的赞助商会议上，提交最新进度报告和财务报告。财务报告应将迄今为止的支出与预算进行对比，并详细介绍已承诺但尚未发生的支出情况以及到项目结束时的总成本预测。

■ 在这些会议上，除了向赞助商提供他们要求你完成的主要任务的信息外，还要对如何改善该项目的建议说"不"。坚持执行既定计划。可以接受并记录所有建议，但要明确指出，除非所提的建议可以使最初目标的实现变得容易或迅速，否则必须等到第二阶段再予以考虑（请参见理论 91）。

■ 请切记，如果你对改变说"行"，而项目未能按期完成，那么你将对此担负责任。

问题反思

■ 我有多坚定？我需要经常说"不"吗？

■ 在赞助商会议上，我可以向谁寻求支持？

理论 57　勒温的力场分析法

通过既往解决问题的知识来明确支持或抵制变革的力量，并制定推动变革的策略。

阅读库尔特·勒温（Kurt Lewin）关于力场分析的著作时，你可能会觉得它简单易懂。但只有应用它时，你才能真正意识到他的想法有多么深刻。他的分析包括确定两组因素，一组是支持变革的因素（驱动因素），另一组是反对变革的因素（阻碍因素）。通过确定每个因素的强度来"计算"变革是否可能成功。

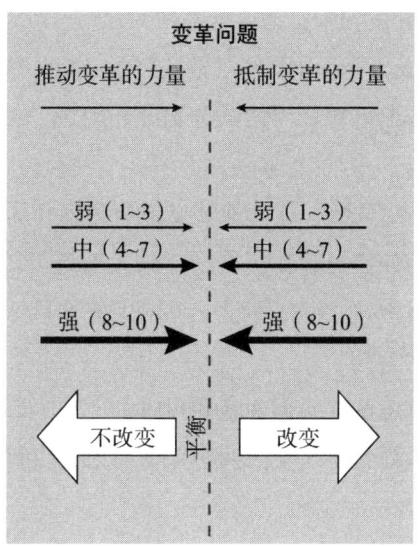

用箭头的粗细表示强度，或为每个箭头设定分数会有助于分析。

学以致用

■ 组成一个四五个人的团队，帮助你确定变革的驱动因素和阻碍因素（请参见第五章）。

■ 如果同一个问题被有些人视为驱动因素，而被另一些人视为阻碍因素，无需焦虑不安。这取决于个人观点。

■ 拿一张 A3 纸。描述提议的变更，将其写在纸张顶部中间的方框里。从方框的底部中间画一条线。

■ 在左侧列出改变的驱动因素，在右侧列出改变的阻碍因素。你可以使用 SWOT 和/或 PEST 进行分析（请参见理论 67）。

■ 给各个因素评分。例如，为每个驱动因素/阻碍因素设定 1（弱）到 10（强）的分数。为了增加视觉效果，请为每种驱动力/阻碍力画上水平箭头，指向中心线（箭头越粗，表示力量越大）。

■ 显然，分配给每个因素的分数是主观的。因此，你应该让其他人一起参与。就每个驱动因素/阻碍因素的强度进行讨论，最终大家同意一个分数，或者取团队的平均值作为分数。

■ 将两边的分数加起来。一看便知改变是可以进行（驱动因素远胜于阻碍因素）、无法进行（阻碍因素远胜于驱动因素）还是难以抉择（两者相当）。

■ 如果是紧急情况，但你仍想继续进行变革，请制定能够增强驱动因素、削弱阻碍因素或两者兼而有之的决策。

问题反思

■ 谁能帮助我确定驱动因素和阻碍因素？

■ 我是否确定了团队中拥护和反对变革的人？

理论 58　科特的变革八步法

用于了解为变革奠定适当的基础至关重要。请不要半途而废。

约翰·科特（John Kotter）认为，缺乏周密的计划会导致 70% 的重大变革项目失败。他提出了一个可以解决这个问题的八步法。

完成

将变革成果融入组织文化

再接再厉：快速取胜固然重要，但要始终关注长期目标

积累短期胜利：成功是最能激发动力的因素

消除障碍：改变任何破坏愿景的系统或结构

传达愿景：经常与员工热情地谈论愿景

制定变革愿景：将变革与员工认同的整体愿景联系起来

组建核心联盟：组建一个有足够能力实施变革的团队

形成紧迫感：传达组织面临的竞争现实

开始

科特强调，艰苦的工作、周密的计划以及为变革奠定适当的基础，对于提高有效的变革管理项目的机会至关重要。

学以致用

■ 与受变革影响的每个人交流，了解未能充分利用机会或应对组织所面临威胁的影响（请参见理论 60 和 67）。

■ 对于任何变革，高级管理层的支持都是至关重要的（请参见理论 60）。确定他们是谁，并向他们寻求帮助。

■ 你必须向组织中许多不同级别的人表达你的愿景（请参见理论 17~19）。你必须用简洁的语言描述它。请切记，这是愿景，你不能过于繁琐地表达。

■ 如果不是所有人都觉得愿景适合他们，请不要着急。通过良好的沟通和培训来解决人们的担忧和顾虑。尽一切可能让他们参与进来，但是如果所有的努力都失败了，你可能不得不把他们排除开来。

■ 寻找一些成本低、胜券紧握的快速胜利。奖励那些帮助你获得胜利的员工，但要谨慎进行过早实现成功的变革。如丘吉尔所说，快速获胜不是结束的开始，而仅仅是开始的结束。

■ 当你成功时，要庆祝成就，务必适当认可每个人的贡献。

问题反思

■ 我的变革计划是否考虑了所有八个阶段？

■ 我该如何宣传快速胜利？

理论 59　莫斯·坎特与变革领导力（王者理论）

用于明确管理变革时所需的能力。

　　罗莎贝斯·莫斯·坎特（Rosabeth Moss Kanter）是公认的伟大的变革理论创新者之一。她用"变革大师"一词来描述组织中处于变革前沿的管理者，并提出他们都具有的七种能力。

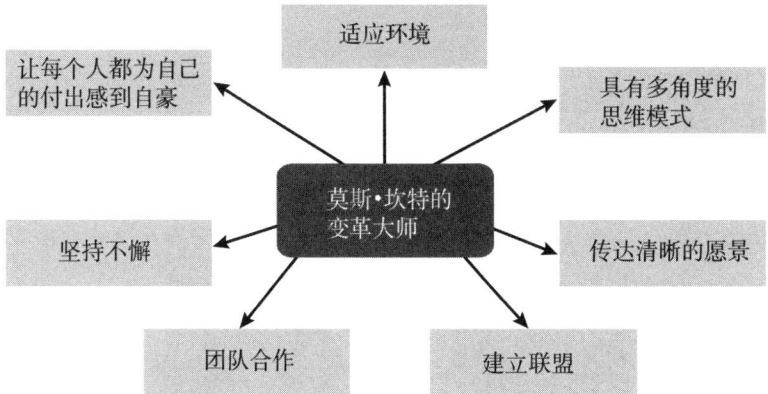

变革大师：

■ 适应环境，先于他人发现新的机会、威胁和想法；

■ 具有多角度的思维模式，鼓励员工天马行空的想法；

■ 传达清晰的愿景，激发他人对自己的愿景感到兴奋；

■ 建立联盟，争取他人的支持；

■ 通过团队合作，获得每个人对实现愿景付出努力的承诺；

■ 坚持不懈，不因遇到障碍和问题而灰心放弃；

■ 让每个人都为自己的付出感到自豪，庆祝他们的成就，并感谢所有为实现变革做出的贡献。

　　莫斯·坎特认为，首先，高效的变革大师应该注重结果而不是过程；其次，会组织一个对最终产品全权负责的团队；最后，会营造一种强调参与人员价值的工作氛围。

学以致用

■ 与一小队人共同研究组织面临的新想法、机遇和威胁（请参见理论 67~70）。鼓励团队天马行空的想法，挑战阻碍进步的假设。让其他员工了解需要变革的内容。确保所有想法都得到认可。

■ 确定需要进行哪些变革，并汇总变革计划（请参见理论 62）。

■ 传达清晰的变革愿景，并在建立联盟和争取他人支持的同时，激发他人的灵感（请参见理论 17~19、60 和 65）。

■ 在大型项目中，将大家分成小组，并赋予他们需要全权负责的工作。

■ 如果你只有一个团队，确保团队成员拥有这个项目，请勿所有事情都亲历亲为。他们必须对自己的项目负责（请参见第五章）。

■ 首先，重点关注产生具体结果的任务而不是过程。这将为团队带来实际的成就，并可以打破怀疑者的疑虑。

■ 不要因遇到障碍和问题而灰心放弃。解决任何项目过程中的困难都是艰难的。变革进行中突然发生资源枯竭、障碍出现，继而冒出许多批评者时，会导致士气下降、动力减弱。此时可以采纳丘吉尔的建议："以守为攻"。

■ 完成后，庆祝每个人的成就，并感谢所有为实现变革做出的贡献。

问题反思

■ 我如何营造一种让团队成员感到有价值的工作氛围？

■ 在莫斯·坎特列出的七项活动中，我觉得哪一个最困难？我该怎么办？

理论 60　伊根的影子理论

用于制定与可能支持或阻碍变革计划的利益相关者打交道的策略。

杰拉德·伊根（Gerard Egan）认为，需要采取不同的方法来管理组织内的不同利益相关者。他对利益相关者进行了如下分类：

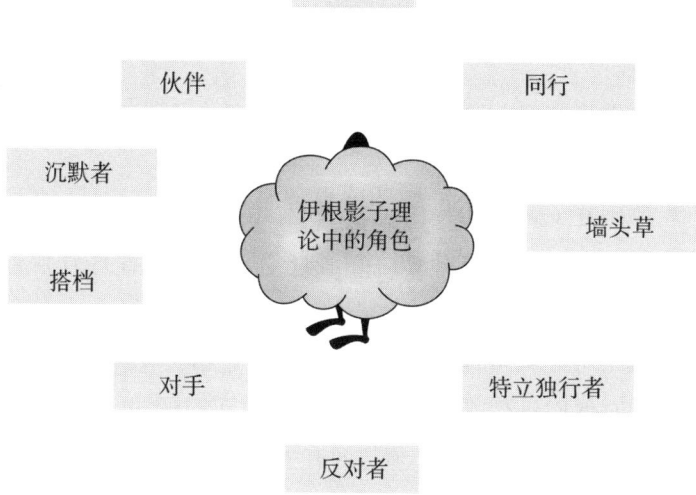

盟友：如果得到足够的鼓励，将会支持你的人。

同行：支持变革议程，但不一定是支持你的人。

墙头草：不清楚效忠于谁，甚至对自己也不清楚的人。

特立独行者：不知道会以哪种方式突然变化的人。

反对者：反对变革议程但对你个人没有不利影响的人。

对手：反对并改变议程的人。

搭档：支持议程但可能不信任你的人。

沉默者：几乎没有权力支持或反对变革议程的人。

伙伴：支持变革议程的人。

伊根将影子理论作为组织常规做法行不通时与利益相关者打交道的一种方式。保证伙伴和盟友始终和你站在一边，而反对者和对手可能不足信或被边缘化。吸引墙头草和沉默者，确保它们不会偏向另一边。

学以致用

■ 认识到组织利益相关者在重大变革事件的成功过程中所扮演的角色。

■ 认识到该理论与组织的政治和权力有关（请参见第11章），如果没有政治头脑，你就会被更厉害的人"搞定"。

■ 明确并了解你组织中的关键利益相关者。即使你不打算在将来进行变革，也要这样做。弄清每个利益相关者具有什么权力、影响力和利益。

■ 确定可能对你的项目造成影响的利益相关者。根据可能产生的影响对他们进行排名。不需要花费太多时间去了解权力低、利益小的利益相关者。你必须与拥有强大力量和浓厚兴趣的人打交道并发展为盟友（请参见理论65）。

■ 始终保持警惕，定期向他们介绍情况，但要记住你的优先事项。

■ 了解每个利益相关者对你的变革日程和对你个人的看法，这有利于你和他们打交道。与不喜欢的人共事可能会很麻烦，但是在工作之余多些聚会可以更好地沟通工作，从而节省办公室和正式会议的时间。

■ 请切记，随着变革议程的推出，它将影响更多的人。关注反对者和对手时，不要忽略巩固你的伙伴和盟友的重要性。

■ 随着变革的进行，监督墙头草、特立独行者和沉默者在做什么。如果他们突然与反对者站在一边，可能会对你造成灾难性的后果。

问题反思

■ 我是否已明确所有与变革相关的利益相关者？

■ 我是否知道我需要向哪些利益相关者靠拢？

理论 61 温斯顿·丘吉尔论实施后回顾的价值

用于提醒你实施后回顾的价值。

温斯顿·丘吉尔（Winston Churchill，1874—1965）被评为有史以来最伟大的英国人。他是一位政治家、作家、演说家和诺贝尔奖获得者。他还创造了大量短语，这些短语会随着英语的使用而一直存在。下面引用的句子只是他诸多经典名言中普通的一条。但是，它却强调了所有组织都需要回顾如何通过决定和策略取得成功，并从成功和失败的经验中吸取教训。

无论策略多么完美，你都应该定期看看结果。

温斯顿·丘吉尔

学以致用

■ 40 年前，当时诸多热点问题之一是英国工业的失败源于未能对其决策实施后进行回顾。这造成了太多的失败。在接下来的几年中未做任何改变。许多公司仍然很少或几乎不对其所做的决定或所实施的策略进行回顾。人们认为没有时间进行此类回顾。但我更倾向于认为这是一种自我保护。他们不想对错误的决策负责。令人遗憾的是，由于无法同时回顾他们的成功和失败，他们错过了一个真正好的学习机会。应不断进行回顾。

■ 在回顾成功的决定或策略时，请注意以下事项：

——无法预料的外部因素会导致何种程度的成功？

——如果没有这些外部因素，决定是否会无法实施？

——为什么我在决定/策略的制定过程中没有发现这些外部

因素？

——我是否最大限度地发挥了这些外部因素的优势，或者对这些因素反应迟钝？

——如何改进数据收集，以最大程度地降低将来错过类似信息的概率？

——我可以从成功的决定/策略中借鉴什么方法、想法和教训（最佳实践），在将来可以应用并与同事分享哪些经验？

■　如果决定和策略未能成功实施：

——意外事件导致我与正常轨道偏离了多远？

——我是否能够预料到这些意外事件？如果可以，我为什么没有注意到？这与我的数据收集过程或与我的自我意识有关吗？

——我是否花了足够的时间来检查与决定或策略相关的风险，并制定了应对措施（请参见理论 67~70）？

——我能从失败中学到什么教训并分享给同事？

——这些评估不必是正式的或冗长的。但是，你应该在学习日记中记录下你的主要发现。这可以帮助你改善将来的绩效，并为你的隐性知识库添加有价值的信息。

——最后请切记，无论是失败还是成功，你都会得到同样多的教训和经验。

问题反思

■　组织是否有进行实施后回顾的政策？如果没有，为什么没有？

■　像外科医生一样，我是缝补自己的错误还是从错误中学习？（当然对于手术医生来说，始终都是缝补并从中获得经验。）

变革管理理论总结

为什么罗莎贝斯·莫斯·坎特的理论被誉为王者理论

　　莫斯·坎特的理论实际上是"以一得二"，通过详细了解变革推动者所需的能力清单，你可以快速确定需要在哪些领域提高自己的能力。但除此之外，她还针对管理者在领导变革时需要优先考虑的事项提出建议，以避免竞争。如果你只读一本关于变革的书，那就读读她 1989 年出版的经典著作《变革大师》（*The Change of Masters*）吧。

　　值得记住的是，在发生家人离世、离婚和搬家等变化后，换工作的压力是最大的。你当前工作的重大改变离那不远了。在处理员工问题时，请始终记得这一点。成年人都会参考以往的经验。如果你的员工对变革有不好的经历，他们可能会担心你提出的任何改变。如果他们经历过的变革振奋人心并且成功了，他们可能会认为你的步伐太慢了，因此你必须掌握节奏。了解他们感受的唯一方式就是少说多听。多与员工交流，听听他们说些什么，你可能会惊讶于谈话所带来的收获。

　　在任何变革过程中，避免不必要的仓促。管理者通常会面临压力，要求员工尽快做出改变并"使事情恢复正常"。这可能存在风险。如果想避免员工产生怨愤和负面情绪（请参见理论89），就要以最慢的员工的速度进行变革。不要像泰坦尼克号那样，开得太快而撞上了冰山。如果你急于改变，你几乎毫无疑问会撞上自己的冰山。这可能不会影响你的职业生涯，但会延迟你的项目进展并损害你的声誉。

第八章

战略规划

简介

许多人很难相信好的规划可以显著提高绩效。但是，他们却坚信"糟糕的规划必然会导致绩效下降"。显而易见，这存在着相当大的矛盾。

请不要误会我的意思，战略规划也不是无所不能，它无法解决你的所有问题。规划也不可能完全准确，因为它是预测性的，没有人知道明天会发生什么，更不用说明年了。但是，做规划的过程需要你考虑未来，并考虑可能发生的情况以及在出现各种可能的情况时如何应对。这个过程本身就是有价值的。规划还为你提供了未来发展的方向。就像行路，有时你需要绕道，比如道路封闭和交通拥堵都可能阻碍你前行，但是如果你知道最终目的地，即便你可能无法避开 35 公里的道路施工，你也可以不断更新路线。

作为管理者，几乎肯定会参与的两种规划是：商业规划和战略规划。商业规划通常会覆盖一年，而不断波动的战略规划可能会覆盖未来三至五年。我个人认为，相比有用的信息，三年规划包含更多的推测和预期想法。如果你认为自己没有参与到战略或商业规划中，那么我敢打赌，你需要控制预算或在工作中解决预算问题。完善的预算应该是一份带有价格标签的商业规划。如果不是，那就算不上是很好的预算。很多时候，当你真正需要的是切合实际的用于估算成本的商业规划时，商业规划就等同于预算了。然后，该商业规划会成为第一年战略规划中的内容。

本章讨论的理论将帮助你理解和实施组织中的商业或战略规划周期。根据你在组织中的级别，有些理论可能比其他理论对你更有用。但是，所有理论都会为你提供多种方法来了解组织。本章带给你的知识和理解将使你成为更好的管理者，为将来的晋升做好准备，并使你能够分析和理解许多可能影响你工作的随机变化。

理论 62 战略规划的七个阶段

作为任何规划过程中主要阶段的总结。

战略规划有多种方法，以下七个阶段的方法是相当标准的，许多组织对其进行调整后以适应自身的特殊需求。

完成

奖励：成功实施计划后，认可所有相关人员的努力。

控制：建立一个系统来比较实际绩效与计划绩效。采取措施纠正不良表现。但要时刻准备根据情况的变化更改计划。

行动和任务：确定个人和团队为完成和执行战略/实现目标必须采取的步骤。

战略：实现目标必须采取的措施。

目的：将目标分解为多个可以监控的、具体的、可衡量的目的。

目标：组织要实现其愿景而必须要实现的目标。

开始

使命：确定组织的愿景。组织想要实现什么？

学以致用

■ 如果要制订一个全面且周密的计划，通过七个阶段的方法，对各个阶段进行有价值的回顾。

■ 不同的作者对术语的宗旨、目标和目的的定义不同，有的人可能会混淆这些术语。始终确保在任何对话或会议中，所有人对术语的定义都是统一的。

■ 确定你的组织中更喜欢哪种规划方法：自上而下还是自下而上。基于此，确定管理层希望你扮演的角色（请参见理论63）。

■ 自上而下的方法涉及高级管理人员和一些"规划专家"，他们会用一个星期的时间独立思考，在制订规划时很少参考其他人的意见。在这种情况下，中层管理者的作用是毫无疑问地接受并实施一切计划。如果这是你的组织采用的方法，那么你的工作就是将该计划传达给员工，即使你个人并不支持这个计划。

■ 自下而上的方法是根据从各个级别的员工以及高级管理者和规划人员提供的数据来制订战略规划。中层管理者的职责是收集、分析和总结最有用的数据，然后再将其汇报给规划团队。你需要做更多的工作来完善计划，但是，如果员工感到他们的意见被采纳，那么会更容易实施。

■ 无论你担任什么角色，都可以通过一两位信任的员工来帮助你获取信息/实施计划。

问题反思

■ 我更喜欢自上而下还是自下而上的规划方法？

■ 组织的首选方法与我的方法之间有什么区别吗？如果有，我将如何解决？

理论 **63**　安索夫到沃特曼——战略规划的评估

用于确定你的组织倾向于哪种战略规划方法以及你如何为之努力。

战略规划经历了三个不同的阶段：

20 世纪 60 年代，伊戈尔·安索夫（Igor Ansoff）提出了现代主义方法： 采用自上而下的方法，由高级管理者和少量专业的计划人员来负责战略规划。它假设三到十年内的规划是准确的，容易且可以按照常规实施。如果情况发生变化，规划人员应对新情况迅速做出反应并修改规划，但这种情况很少发生。

20 世纪 80 年代，彼得斯（Peters）和沃特曼（Waterman）提出了后现代主义方法。 他们认为未来是不可预测的，规划毫无价值。管理层应集中精力确定新思路和新趋势，力争比竞争对手更快地对新环境做出反应。当中层和低层管理者离客户越来越近时，应该由他们来确定进行什么变革，高级管理者的任务是为他们提供支持。组织的灵活性、创造力和对客户需求的反应能力是成功的关键，而不是规划。

20 世纪 90 年代后期，奎因·哈默（Quinn Hamel）和普拉哈拉德（Prahalad）提出了新的现代主义方法。 他们认为所有规划都基于不充分的信息，需要不断更新。高级管理者担任组织的智力领导。他们从一线员工和中层管理人员那里收集市场信息，结合预期、客户反馈和小型实验，来确定需要进行的变革。将每次变革分解为多个组成部分，在变革过程中，管理者在监督和支持员工方面发挥着积极作用。

学以致用

- 确定组织使用的规划范式（若有）。大多数人使用新的现代主义方法，即他们制定规划，将其作为下一年的指导方针，但承认情况会发生变化。

- 确保你完全了解组织的长期目标，并能够简明扼要地告诉员工。同时，持续关注逐渐增加的小变化对这些目标的影响有多大。

■ 与基层员工、客户、供应商和竞争对手交流，了解市场的最新动态。并与同事和高级管理者分享这些信息。通过"走动管理"（请参见理论 7 和 67~69）来收集信息。

■ 根据你对未来可能发生变化的了解来规划路线，这可以使你和你的员工更容易实施变革。

■ 应对不断变化的环境时，要处理 20% 的真正意外事件（请参见理论 68~70 和 91），训练你自己和员工的灵活性、自发性和创造力。

■ 在处理组织的规划流程时，找出并尝试解决所有弱点，同时，确保通过自己的努力获得信誉。同样，找出任何好的做法，确认是否可以将其应用于规划过程的其他部分。

问题反思

■ 我的员工是否感到变革对他们有威胁？我该如何缓解他们的恐惧？

■ 我该如何使自己和我的员工更有效地应对不确定性、变化及其带来的机会？

理论 64　波士顿矩阵（王者理论）

> 用于确定在考虑产品和服务对组织的价值时可以使用的特定策略。

波士顿咨询公司（Boston Consulting Group，BCG）创建了一个矩阵，以帮助组织决定如何在其产品或服务之间分配投资。将矩阵划分为多个象限，用四类产品作为描述符，表示其相对于市场份额和市场增长率的位置。

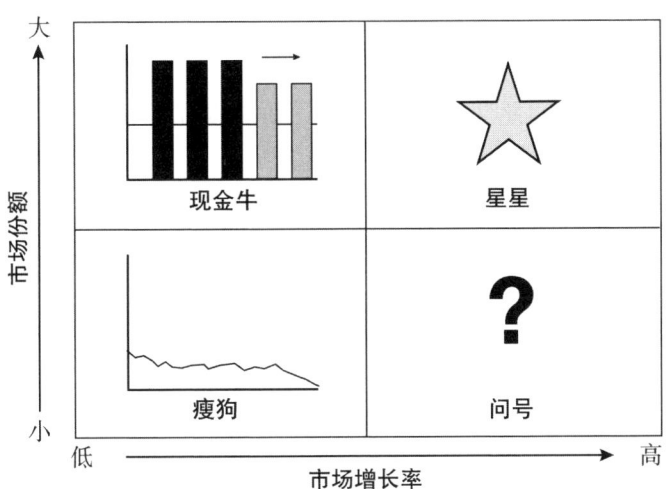

来源：Adapted from *Key Management Models*, 2nd edn, Pearson Education（van Assen, M., van der Berg, G. and Pietersma, P. 2009）p. 9. The BCG Portfolio. Matrix from the Product Portfolio Matrix ©（the Boston Consulting Group，1970）.

通过 BCG 矩阵呈现的结果，组织可以采用四种可能的策略：

■ **扩大份额**：进行投资以增加市场份额，例如将问号变成星星，或将瘦狗变成现金牛。

■ **保持**：投入足以使产品保持当前份额的资金。

■ **收割**：减少对产品的投资额，最大化其短期现金流和利润。

■ **放弃**：通过出售或淘汰放弃产品。问号和瘦狗最有可能被出售，资金用于投资具有成功潜力的现金牛和星星。

学以致用

■ 通过帕累托法则（请参见理论91）确定利润最高和利润最低的产品和服务。

■ **星星**表示竞争更激烈的市场中高增长率的产品或服务。星星代表未来，因此是最重要的一类。你需要在这方面投入大量资金以保持其不断增长并最大化回报率。

■ **现金牛**表示市场份额相对较高的低增长率的产品或服务。这些都是成熟的、成功的产品，几乎不需要投资。你不但要给现金牛挤奶，还要照顾它们，请勿将它们或其客户视为理所当然。

■ **问号**表示占据较低市场份额但在高增长率的市场中经营的产品或服务。它们可能具有潜力，但需要大量投资才能增加市场份额。你是否能赚到钱是带有问号的。你必须决定要增援哪个、放弃哪个。

■ **瘦狗**表示在低增长率的市场中相对份额较低的产品。瘦狗可能会产生足够的现金来维持收支平衡，但是它们很少值得投资。如果你的产品只有瘦狗类，那么，要么退出市场，要么增加产品的市场份额。如果你负责决定保留哪些产品和单元，则必须决定放弃哪些瘦狗类产品。

问题反思

■ 我是否知道我的哪些产品是星星、现金牛、问号和瘦狗？

■ 我是否在情感上执着于某类特定的产品或服务，例如我开发的第一个产品？我的执着会影响我的判断力吗？

理论 65 约翰逊、斯科尔斯和惠廷汉姆的利益相关者映射理论

用于明确可能影响你计划实施的内部和外部的利益相关者。

格里·约翰逊（Gerry Johnson）、凯文·斯科尔斯（Kevan Scholes）和里查德·惠廷汉姆（Richard Wittingham）认为，了解利益相关者是一种战略性商业工具，可以明确和评估不同个人或利益相关者对组织的影响。

以图表的形式呈现利益相关者，绘制出他们对影响组织的问题的兴趣水平，以及他们拥有获取其利益的权力。这样大致可以分为如下四类：

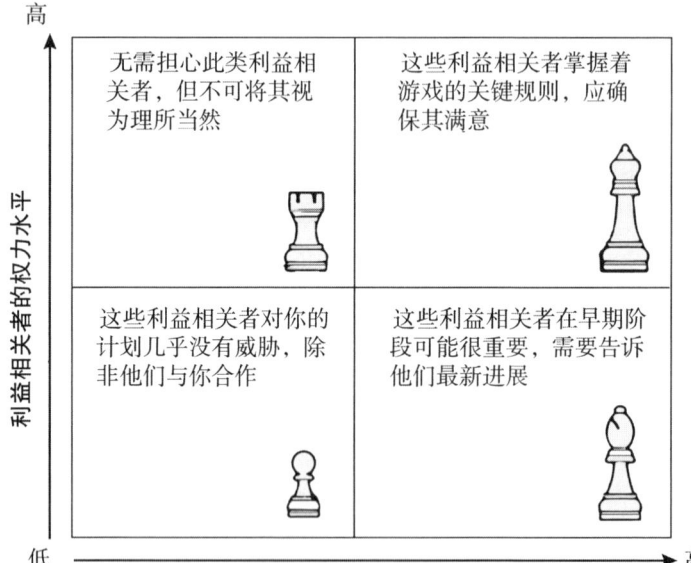

高

无需担心此类利益相关者，但不可将其视为理所当然

这些利益相关者掌握着游戏的关键规则，应确保其满意

这些利益相关者对你的计划几乎没有威胁，除非他们与你合作

这些利益相关者在早期阶段可能很重要，需要告诉他们最新进展

利益相关者的权力水平

低

高

利益相关者的兴趣水平

学以致用

- 与伊根的影子理论结合使用（请参见理论 60）。
- 明确你的利益相关者及其对组织的兴趣水平。
- 确定最有可能影响你决策以及受你的决策影响的人。
- 根据以上信息，结合利益相关者的兴趣和权力水平，绘制并分析不同的利益相关者群体。然后着手了解他们并赢取他们的信任。与他们交流，了解他们对你和你所做工作的感觉。找出可能激发他们支持或反对你的动机，以及他们对你的期望。
- 密切关注权力和兴趣较低的利益相关者（"兵"），但不要花费太多时间与他们沟通。
- 与权力低但兴趣高的人（"象"）交流。他们可能无权影响决策，但在处理项目细节或说服其他利益相关者方面可能会很有帮助。
- 对权力高但兴趣低的团队（"车"）投入足够的精力，使他们感到满意，但需接受他们可能不愿意参与具体工作的现实。
- 集中注意力关注那些权力高且兴趣高的人（"后"）。他们是你完成工作过程中需要深度合作的人。
- 请切记，作为管理者，你的活跃度越高，你影响到的人就越多。这就像下国际象棋，赢得棋子的多少会影响你做好工作的程度。此外，小的牺牲也可能对输赢产生重大的影响。

问题反思

- 主要利益相关者是否意识到我的存在？
- 我如何提升在所有利益相关者心中的个人形象？

理论 66 波特的五力分析理论

用于总结你当前的竞争状况。

迈克尔·波特（Michael Porter）的五力分析理论是组织分析和商业战略发展的框架。波特提出了决定竞争强度以及服务或产品整体盈利能力的五种力量。

波特的五种力量：

新进入者的威胁： 高回报、有利可图的市场将吸引新进入者。这最终会导致行业中所有组织的盈利能力降低。

替代产品或服务的威胁： 改良版产品和替代产品（或接近替代产品）的存在增加了客户转向替代产品的可能性，尤其是在价格更低或更容易获得的情况下。

客户的议价能力： 当组织服务于少量大客户时，客户向组织施加压力的能力（包括抵御价格上涨的能力）就会增强。

供应商的议价能力： 如果领域内供应商数量有限，则供应商收取高价的能力将增强。

行业内的竞争： 对于大多数组织而言，竞争的激烈程度是行业竞争力的主要决定因素。

学以致用

■ 查看每种力量，分析你当前竞争地位的优势，确定你想要达到的地位（请参见理论 67）。

■ 客户容易转移供应商吗？通过改善服务质量或降低价格，使替代产品的经济优势降低，从而比竞争对手领先一步。倾听一线员工的意见，为客户提供他们所不知道的信息（请参见第十章）。

■ 你有几个非常大的客户吗？他们是否会轻易压低价格？如果你与一些实力强大的客户打交道，他们可以向你指定条件，那么你就需要扩大客户群。

■ 你的供应商会轻易抬高价格吗？他们是否因为自己是某产品或服务的唯一供应商而制约你？是否可以更换供应商？你拥有的供应商越少，受其牵制就会越多。寻找增加供应商的途径。可以从互联网开始。即便是海外供应商，只需点击一下鼠标即可。

■ 你的竞争对手有多强大？如果你有很多竞争对手，并且他们提供同样诱人的产品和服务，那么当竞争对手提供更好或更优惠的服务时，你的客户就会转移。密切关注产品和服务的质量（请参见第十章）和价格（请参见理论 83），确保你一直具有竞争优势。

问题反思

■ 我最后一次系统地回顾团队的竞争地位是什么时候？
■ 如何使产品或服务与竞争对手的产品或服务有区别？

理论 67 SWOT 分析和 PEST 分析

> 用于评估你的组织当前和未来的财务和战略状况。

关于 SWOT 分析和 PEST 分析之间的差异，常见的错误看法是 SWOT 分析针对影响组织的内部因素，而 PEST 分析针对外部因素。但它们之间真正的区别在于，SWOT 分析关注单个组织特有的问题，而 PEST 分析可以识别影响具体行业中所有组织的问题。

影响特定行业中所有组织的PEST变化因素
政治（Political）：政府的变革、政府政策的变化、新的立法。
经济（Economic）：经济增长率、银行汇率、失业水平。
社会（Social）：本地和全国人口统计数据、社会运动、社会规范的变化。
技术（Technological）：网络的发展、政府在研究上的支出、信息技术的变化。

⇕

这些因素相互影响，可以确定你的组织在任何时候的位置是有利的还是不利的。

⇕

你的组织中特有的SWOT因素
优势（Strengths）：当前财务状况、客户忠诚度、产品范围、持有专利。
劣势（Weaknesses）：当前财务状况、不良的客户关系、产品过时、研发不足。
机会（Opportunities）：与其他企业或大学的潜在合作伙伴关系、首次进入国内或国外市场的机会、员工和管理层提出的可行的且具有潜在价值的想法。
威胁（Threats）：过度依赖一或两个客户或供应商、流动资产不足、难以留住关键员工。

来源：van Assen, M., van den Berg, G. and Pietersma, P., *Key Management Models* (2nd edn) (Pearson Education, 2009).

学以致用

■ 无论你是进行 SWOT 分析还是 PEST 分析，都可以采用相同的方法。

■ 与营销团队沟通，查看他们是否每月收到一份媒体或网络上公布的与你的组织相关的文章概览。

■ 与你所在行业的其他管理者建立关系网。参加贸易和专业聚会是比较不错的方式。

■ 从组织中召集一个小团队进行实践练习。定义并解释 SWOT/PEST 分析的目的，例如：你关注的是伯明翰地区的市场份额问题还是全国的市场份额问题？

■ 线下观察时间最长不超过三年。

■ 利用组织现有的信息行动起来。然后通过头脑风暴和本章中讨论的模型来收集更多的想法/信息。

■ 鼓励团队成员采取走动管理（MBWA）（请参见理论 7）所述方法以收集更多的数据。使其深刻认识到需要预先为每个 MBWA 定义一个目的，不要采取询问的方式，而是让他们参与对话。提醒他们要少说多听。

■ 利用你以及你的团队与同事、客户、供应商、竞争对手、银行家、会计师、顾问进行的每次对话和会议，收集更多数据。强调需要听取那些持反对意见的人的意见。为什么？因为每个新想法在开始的时候只有一个人接受，在大多数人接受之前都是看起来很愚蠢的。

■ 在 SWOT/PEST 会议上，用便签纸记录建议，然后根据讨论的主题在墙上粘贴个人想法。

■ 根据所有想法对组织产生的影响，对其进行分析和评估，了解这些想法是否可以实现以及在什么情况下会实现（请参见理论 68~70）。通过定量（硬）和定性（软）数据以及个人见解来评估问题（请参见理论 73）。

■ 找出可能性大和影响力大的问题。如果发生重大影响事件的可能性超过 30%，则值得进一步分析。

■ 简要制定应对发生概率超过 30% 的威胁的策略。当它们的发生率更高时，则需要对其进行充分处理。

■ 请切记，大多数 SWOT/PEST 分析写在纸上都没有价值。为什么？因为人们往往会忘记。只有体现在竞争中，优势才是优势，劣势才是劣势。例如，"高技术人才和敬业的员工"，只有在其真正比竞争对手强的情况下才算优势。

问题反思

■ 谁可以帮助我进行 SWOT/PEST 分析？

■ 我是否评估过以往进行的 SWOT 和 PEST 分析的准确性和有效性？

理论 68   未爆炸弹

用于提醒你每个组织都隐藏着未爆炸弹，以及爆炸时需要迅速做出反应的需要。

未爆炸弹（Unexploded Bombs，UXB）模型用于比喻隐匿在许多组织中缓慢进行的风险，像炸弹一样，倒计着它们爆炸并摧毁组织的那一刻。许多组织甚至不知道存在这种炸弹。该模型的优势在于，挑战人们的自满情绪，要求他们识别可能的威胁并加以应对。

很多时候，"炸弹"还表示组织无法解读市场以及对市场或商业领域的变化无法做出快速反应等危机。

学以致用

■ 未爆炸弹的问题在于你不了解自己不知道的东西。最大的挑战就是识别可能的威胁，这需要创造性思维。

■ 成立一个小型的工作组，采用 SWOT 和 PEST 分析方法（请参见理论 67），除此之外，你要做的是明确对组织的生存构成巨大且可能毁灭性的威胁。

■ 评估炸弹爆炸的可能性。有些威胁可能永远不会成为现实。而有的可能会在下周爆炸。例如，电动汽车很可能对汽油动力汽车构成威胁，但在未来 5 年内它们不会取代耗油量大的汽车。目前在汽车上投入了太多资本的人，无法放弃原有的汽车去购买新的电动汽车。如果发生电气革命，也将是一个缓慢且稳定的过程。再比如医学，得益于人类遗传学的进步，在未来 10 年内将发生重大变化。

- 估计炸弹爆炸的时间。如果是 10 年以后，你可能会认为太遥远了，因为环境可能会在这段时间内发生重大变化。如果预计是 3 年，你就需要确定可以采取哪些策略来解除炸弹、延迟炸弹爆炸时间或控制炸弹爆炸时造成的破坏。

- 解除炸弹的策略包括：

——投资研发，建立防护盾牌来抵御所面临的威胁。

——改变商业模式或实践。

- 延迟炸弹爆炸的策略包括：

——改良产品，尝试推迟产品的过时时间。

——改变商业计划，例如，销售模式从商业街模式转向互联网模式。

- 遏制/消除炸弹的策略包括：

——将商业重心转移到全新的内容上面。

——卖掉业务，重新开始。

- 通常可以忽略不太可能发生或非常遥远的事件。但是总是会有"黑天鹅"事件（这里指不可预测的、意料之外的事情）发生（请参见理论 69）。

问题反思

- 你对业务领域的创新和新想法投入了多少关注？
- 你的组织中是否有人在寻找炸弹？如果没有，你是否可以承担起来并因此出名？

理论 **69**　塔勒布的黑天鹅事件

用于提醒你一切皆有可能，你不能因为对发生的事情感到震惊而无所作为。

　　纳西姆·尼古拉斯·塔勒布（Nassim Nicholas Taleb）的黑天鹅理论是一个比喻，表示不寻常的事情，它们发生之前是完全无法预测到的。

将一个事件视为黑天鹅事件必须满足的四个标准：

对于观察者来说，这件事一定是令人惊讶或震惊的，例如纽约双子塔的"9·11事件"或尼斯恐怖袭击事件。

事件造成了重大的反应，例如对双子塔的袭击导致了反恐战争。

事件发生后，人们会合理地解释所发生的事情，并相信只要他们/其他人理解到这些迹象或者将所有可用的无数数据结合在一起就可以预测，例如在"9·11事件"事件发生的前几年，惊悚小说作家汤姆·克兰西（Tom Clancy）写过一本书，讲述了日本恐怖分子将一架巨型喷气飞机撞进国会大厦。

事件观察者决定这是不是黑天鹅事件，即"9·11事件"事件对于恐怖分子来说不是黑天鹅事件，而对于看到它发生的人来说则是。

　　塔勒布不建议我们尝试预测黑天鹅事件。相反，我们需要构建能够承受突发事件的强大系统，并由能够对事件做出快速反应的人员来运行。

学以致用

　　■ 你如何对未知和不可知的事情做出计划？这不容易做到。因此，应对步调的适应性和无常性进行规划。当发生黑天鹅事件时不至于无计可施、动弹不得。首先，提出问题并确定事件可能对你以及你的组织造成什么影响。

■ 与大型公司一样，许多公共行业的组织都有应急计划小组。如果你没有应急小组，请招募一个小团队，讨论事件对组织的影响。如果突然发生某个或某些事件，使用 PEST 和 UXB 模型（请参见理论 67 和 68）作为明确潜在威胁、机遇和前进之路。

■ 制订"紧急措施"以应对任何威胁，逐步找出充分利用机会的方法。3D 打印技术首次亮相时就是一个潜在的黑天鹅事件。但是，因为它不会立即威胁到现有的生产方法，所以没有必要用这个术语来描述它。但是影响正在逐渐产生。你的组织对此采取了什么措施？

■ 在制订计划时，请提高计划的灵活性。计划的目的是帮助你实现目标。但它不是约束条件。如果事态的发展导致你偏离目标，请重新评估如何实现目标。可以接受走弯路和小路，但始终牢记最终目的地，并努力朝着它前进。

问题反思

■ 我在思考和计划时是否灵活？

■ 我期望事情按计划进行吗？如果是，为什么？

理论 70　情景规划

用于为一系列可能发生的未来事件制订广泛且灵活的计划。

　　许多人都进行情景分析，作为对未来进行规划的一种手段。考虑到不连续变化的特性，情景分析要同时利用定量和定性数据（请参见理论 73）。通过情景分析，尝试确定关键变量在短期和中期可能对组织产生的影响，并制定一系列应对这些变量的策略。

学以致用

　　■ 任命一位经验丰富的外部协调员，帮助你与情景团队一起举办讨论会。你需要一个能挑战你和你的员工所持有的先入为主想法的人。

　　■ 与协调员共同商议选择大约 6 个人（小型组织 3 个人），这些人需要具有想象力，并且对组织所处的不断变化的环境有所了解。一个团队至少配备一名技术专家。

　　■ 向团队简要介绍练习的目的。指定你特别希望探索的变量，例如通货膨胀、离开欧盟（你的组织是否预测过英国脱欧?）。

　　■ 不要过于展望未来。在当今世界，针对任何超过 3 年的事情的预测，其准确度都和星象图一样。

　　■ 独立工作，请团队中的每个成员准备一份清单，记录他们认为由所提出的变量引起的问题。允许员工添加你未在指示中提到的变量。给他们大约一周的时间来思考清单内容，并简短描述他们的想法。

　　■ 在小组讨论会之前传阅每个人的报告。给大家 30~60 分钟的时间来讨论每个人提交的内容。在这个阶段，避免对大家的想法提出批评。你希望每个人都做出贡献。如果你过早地将某位员工的想法盖上"愚蠢"的戳记，其他人知道后就不敢再直言不讳。

■ 第一次讨论会之后约一周，再召开一次会议。两次会议期间，鼓励团队成员彼此交流并与协调员对话。这能够使他们改变或缓和他们对自己以及其他人的想法的观点。

■ 在接下来的讨论会上，根据发生的可能性以及发生的情况对组织的影响，逐个进行评估。这可能会产生如下表所示的风险：

高风险/低成本	高风险/高成本
低风险/低成本	低风险/高成本

■ 显然，针对低风险/低成本或高风险/低成本情景，制定策略是不值得的。精力应集中于低风险/高成本、高风险/高成本情景。如果这两个类别中的任何一个问题有 30% 或更高的机会发生，则需要确定处理策略。

■ 一种策略很可能会适用于多个情景。制定这些策略时，你应该事无巨细，因为它们极有可能在实践中使用。

■ 为每种情景设定一个最好和最坏的情况以及两者的中间点。

■ 向高级管理层/董事会报告并获得他们的建议。如果你将来必须实施一种或多种策略，这样可以为你节省时间。

问题反思

■ 你是否喜欢在不同的业务情景中工作，或者是否觉得这是在浪费时间？

■ 从 1 到 10（10 表示完全不确定），你认为你所处的业务环境的可预测性如何？（你预测过特朗普吗？）

战略管理理论总结

为什么波士顿（BCG）矩阵被誉为王者理论

这是一个艰难的选择，多个理论本来都可以被誉为王者理论。但是我想到德鲁克所说的话："商业目的只有一个有效的定义，那就是开发客户。"客户是在其购买你的产品时产生的。因此，你的产品范围的维护、扩大和发展是成功的关键。BCG 理论提供了一种非常清晰的方法，可以分析任何产品组合。如果你很了解自己的业务，那么你可以很轻松地将每个产品放在相应的方格中，然后根据模型提供的建议来决定要做什么。这是一个简单且巧妙的理论。

尽管已将 BCG 矩阵誉为王者理论，但是需要提出警告的是，如果某人不知道"瘦狗"是什么意思，切勿将一个产品称为"瘦狗"。某大学的管理团队决定使用 BCG 网格来分析其课程。员工们不知如何听到传言说高级管理层认为某些课程是"瘦狗"，要将其拿出去毙掉。一天之内，整个学院的电子邮件系统泛滥成灾，愤怒的学者和学生们纷纷抱怨这些含有贬义的言论。

在战略规划过程中，组织并不总是明确表明他们希望管理者扮演什么角色。这给你提供了可利用的空间。在规划过程中扮演的角色可以使你与组织中很多同事建立联系，其中一些人可能会对你当前的工作或未来的发展有帮助。无论哪种方式，都是引起关注、与组织重要人物及利益相关者见面的机会。因此，如果你的规划人员有限，那么志愿者/谈判人员将在过程中发挥更大的作用——当然是为了组织的利益。

第九章

制定决策

简介

如果说管理者的决策生死攸关，可能有点夸张。但是，完善的决策记录可以成就事业，而一连串的不良决策可能意味着被淘汰。

那么对于决策者来说，良好的决策率是多少呢？根据罗伯特·汤森德的说法，这一比例仅为33%（请参见理论71）。他认为一个好的管理者，决策正确率为33%、决策错误率为33%，剩下的三分之一是，无论你做出什么决策都不会改变实际结果。

理解并接受即使是最优秀的管理者也不一定总能做出正确的决策。它允许你做出错误的决策，请勿惩罚自己，因为你是人，无法预测未来！

多年以来，我看到许多优秀的管理者由于一些错误的决策而失去了信心。结果导致他们变得更加谨慎，甚至在做出常规决策之前也需要大量的信息和分析。他们过高的需求所造成的延误往往比快速做出错误决策并且在明显行不通的时候予以纠正付出的代价更大。

本章所述理论将为你提供有关如何制定决策的想法。它所不能实现的是，让你从一个生活在橱柜、不愿冒风险的弱者变成一个充满活力的冒险者，让一个特种空勤团的士兵看起来很无聊，它也不应该这样做。绝大多数组织都不希望由冒险的人做出决策。但是他们也不想过度谨慎地规避风险。通过找出他们想要什么来检查组织。确定谁具有做出良好决策的声誉。分析他们如何制定决策以及他们愿意承担的风险水平，并将其作为基准。如果你认为很难获得此类信息，你就错了。事实上，大多数管理者很乐意告诉你他们的决策方法。因为所有人都有自我意识，并且当人们对其行为和行为方式表现出兴趣时，大家都会感到很高兴。

理论 71 汤森德决策制定规则（王者理论）

用于提醒你：决策需要快速制定。

罗伯特·汤森德（Robert Townsend）曾是阿维斯租车公司（Avis Rent-A-Car）的首席执行官，他在 20 世纪 70 年代出版了最畅销的管理书《提升组织》（*Up the Organisation*）。这本书以不敬的眼光审视了当时美国的管理实践。但是，在他幽默的背后，是一个具有多年经验历练的敏锐的商业头脑。

汤森的决策制定规则

规则 1：决策应在组织中最低的级别实施。

规则 2：只存在两种决策：一种是成本低且易于纠正，可以快速做出的决策；另一种是成本昂贵且难以纠正，要经过适当考虑后才能做出的决策。

规则 3：所有决策的制定依据都是不完整的数据，所以，要么学会接受这一事实，要么退出游戏。

规则 4：一个好的管理者会制定 1/3 的正确决策、1/3 的错误决策，而剩下的 1/3 的结果跟他们所做的任何决策一样。

学以致用

■ 请勿制定你权力范围之外的决策，这种情况会让你看起来犹豫不决。

■ 将低于你薪金等级的决策授权给员工，并监督其处理情况。

■ 要有信心利用最少的信息做出成本低、易于纠正的决策。或者更好的方法是把它们授权给别人（请参见理论 72）。

■ 做出成本高且难以纠正的决策时要放慢速度，直到获得足够但不完整的信息时再做。使用定量（硬）和定性（软）的数据以及你自己的隐性知识（请参见理论 73）。充分数据的来源取决于决策/项目的性质以及你自己面临的风险状况。

■ 永远不要考虑制定决策时已经花费了多少。已经付出的成本都是一去不复返的。只看未来的现金流量。如果你已经在一个项目上花费了 400 万英镑，并且需要再花费 100 万英镑来完成该项目，只需将这 100 万英镑而不是 500 万英镑（400 万英镑+ 100 万英镑）与未来的现金流量进行比较即可。如果预计将来的收入将超过 100 万英镑，那么你的决策可以继续实施；但是如果收入低于 100 万英镑，那么你可以放弃了。永远不要想："上帝啊，我们必须得到一些回报来弥补已经花费的 400 万英镑"。这和赌徒不断渴望找回损失没什么两样。

■ 虽然你在做决策时永远不可能拥有完整的数据，但是你应该对必不可少的数据进行严谨的评估。询问数据是否受到错误假设、一厢情愿的想法、计算错误、对客户数量和现金流量的过度乐观预测或低估了风险等的影响。

■ 始终进行决策后回顾（请参见理论 61）。如果你没有这样做，就没有机会检查出决策过程中的错误、弱点和优势，这些信息将帮助你在未来做出更好的决策。

问题反思

■ 我多久会发生一次"越过自己的权力范围制定决策"的情况？

■ 当成本低且易于逆转时，我是否愿意利用很少的信息快速做出决策？

理论 72 艾森豪威尔原则和决策授权

用于识别你应该做出的决策以及你应该授权的决策。

德怀特·戴维·艾森豪威尔（Dwight D. Eisenhower）总统在第二次世界大战期间是盟军的最高司令官，负责盟军对欧洲的入侵（诺曼底登陆），因此他对决策很在行。他有句名言："重要的事一般不紧急，紧急的事一般不重要。"

虽然艾森豪威尔的原则一直被用作一种时间管理系统，但此处需要提醒你，并非所有的决策都是平等的，大多数决策都可以授权给你的员工。

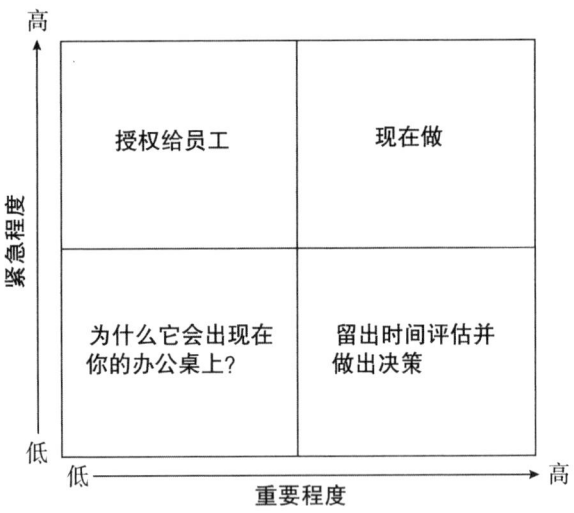

学以致用

■ 使用艾森豪威尔网格分析你上个月做出的决策。这些决策应该授权给多少人？

■ **不紧急、不重要的决策**。你为什么要把时间和精力浪费在低于你薪金等级的决策上？将其授权给员工。

■ **紧急但不重要的决策**。你应该授权所有不重要的决策。但请记住，要根据需求为员工提供指导（请参见理论14）并监督他们的进度。如果授权的决策未做出，而现在变得十分紧急，也不要自己做决策。坚持让负责该决策的员工立即处理。对于授权不重要的决策，有两个例外情况。你可能希望对管理者或其他有影响力的利益相关者的任何请求亲自做出回应（请参见理论60和65）。

■ **紧急且重要的决策**。这些可能是你应该花费大量时间来制定的决策。你的目标是减少属于此类的决策数量。你可以优先考虑必须做出的所有重要决策，并跟踪每个决策的进展情况。

■ **不紧急但重要的决策**。此类决策是最重要的，有两个原因：1）如果你不处理，它们最终会变得紧急且重要；2）这些决策通常会涉及你的团队或职责范围内的潜在问题。如果你能纠正这些失误，你将减少将来需要做出决策的问题的数量。

■ 若要提高决策效率，你首先要做的是花费时间和精力来改变系统、程序和员工的态度。应该在尽可能低的层次上制定决策，并且避免员工将决策推到更高的层次（请参见理论71）。同样，应建立监督和控制系统，确保在下达决策时能得到正确、及时地处理（请参见模型56）。

■ 要有主见，拒绝承担别人应该制定的决策。

问题反思

■ 如果我今天就去解决这些事情，从长远来看，我的决策栏中哪些非紧急但重要的决策最节省时间？

■ 我是否为了让自己感到被重视或看起来有权威而暗中鼓励员工把所有的决策权都交给我？

理论 73 麦克纳马拉谬论：决策者忽视的重要信息

用于确保你在做出决策之前考虑了所有相关数据。

越南战争期间，美国国防部长罗伯特·麦克纳马拉（Robert Mcnamara）提出了"麦克纳马拉谬论"。他企图理解为什么在很多战争中，美国及其政治家都自认为胜券在握。

麦克纳马拉得出的结论是，他们对越南共产党被杀或被俘人数等硬的事实给予了太多关注，而对敌方士气以及越南人民渴望摆脱自 1954 年法国人离开后的外国侵略的愿望等软数据关注很少或根本没有关注。

麦克纳马拉使用四句话概述了他的谬论模型，描述了当时政治家和军方的决策方法。这四句话是：

考量什么是容易衡量的。

忽略或很少量化任何难以衡量的东西。

假设无法衡量的东西都是不重要的。

假设无法衡量的东西不存在，且对战争进程没有影响。

这对管理者的影响是显而易见的。在做决策时，管理者必须找到一种方法来考虑那些难以或似乎不可能用财务术语表达的因素。

学以致用

■ 要认识到，自 19 世纪末随着有限责任公司的出现、组织的所有权和管理开始分化以来，科学管理已成为管理的主要形式。

■ 要认识到，所有者和组织管理者之间的分化导致非数字性的软数据被边缘化。这样做的原因是，管理者想要证明他们的决策是基于确凿的证据，而不仅仅是凭直觉。当出现问题时，这一点尤其重要，因为管理者可以把责任推给数据。

■ 要纳入定性数据，首先要确定组织中主要的不可量化的资产，例如员工士气、员工专业知识、竞争对手的情报、与客户的关系、员工与管理层之间的关系、管理有效性等。我可以继续说下去，但我的朋友说他经常这样做，具体如何做取决于你自己。

■ 将你的清单作为与团队中五到六名成员进行头脑风暴会议的起点，以确定你在未来决策中需要考虑的其他非财务成本和收益因素。

■ 采用"走动管理"、非正式对话、观察、调查问卷、访谈的方式，从员工和其他利益相关者那里收集更多的定性数据（请参见理论 7 和 17）。

■ 使用成本-效益分析，为每个已确定的不可量化的资产分配价值。在影响它们的任何决策中考虑这些价值，并定期进行更新。

■ 在不了解财务或统计数据的计算方式时，请不要接受这些数据。请会计师解释他们是如何得出这些数字的。会计不是一门科学。它涉及选择、观点和专业判断，你可能会要挑战其中的一些方面。

问题反思

■ 我对使用非财务或数字性信息持何种态度？我认为它很重要还是垃圾信息？

■ 当我做出最后一个重要决定时，我使用了任何重要的定性数据吗？

理论 74 离岸核心功能

> 适用于你出于战略原因希望将大部分核心业务转移至海外的情况。

"外包"和"离岸"这两个术语经常被混淆或互换使用。外包是指将非核心活动（例如清洁或维护服务）转移到专门从事该职业的组织。离岸是将生产或其支持类的核心活动转移到另一个国家。

学以致用

■ 要认识到，任何离岸决策都是一项重大的战略决策，需要仔细评估利弊，并认真执行。

■ 作为管理者，你可以根据你的资历协助开展离岸业务或"操纵局势"。无论哪种方式，这个过程的第一步都是要明确潜在变动的原因。这些通常包括：

——提高经济性（在保持或提高现有质量的同时降低成本）。

——提高效率（在保持或提高现有质量的同时，增加相同投入水平的产出数量）。

——拥有更高效、更合格、更廉价的劳动力。

——将公司的业务范围扩大到国际范围，尤其是快速增长的市场。

——对竞争对手降低成本做出反应。

——进入新市场。

■ 第二步是确定潜在的海外合作伙伴或目的地，并评估其是否适合建立合作伙伴关系。例如：

——你正在考虑的各个国家的政治和商业文化是什么？你能够在这种文化中运作吗？你的客户和其他利益相关者对你将工作转移到该国会有什么反应？

——本地劳动力市场能否满足你的需求？

——该国家或地区相关的成本状况如何？你将承担哪些运输成本？

——是否需要考虑任何政治或安全问题？

——这个变化将对你的产品质量产生什么影响？

■ 第三步是确认你将离岸的产品或工艺流程。这需要详细分析与每种离岸产品相关的成本和收益。特别注意利益相关者的反应（请参见理论 60 和 65）。

■ 第四步是对每个国家的离岸情况进行认真评估。如上所述，这绝不仅限于财务因素。政治稳定性、文化、对外国人和外国投资的态度、腐败盛行以及许多其他问题都必须考虑在内。

■ 如果你或员工的工作因离岸而处于风险之中，并且在转移后你没有有力的工作保障，请考虑跳槽。将你在转移过程中所做的工作添加到简历中，来丰富你的阅历。

问题反思

■ 在任何离岸决策中，我可能扮演什么角色？

■ 我和其他管理者花了多长时间来了解他们正在考虑离岸的国家的背景？

理论 75 金伟灿和莫博涅的蓝海战略

> 用于逃离疲乏、人满为患的旧市场，并寻找新的海洋。

金伟灿（W. Chan Kim）和勒妮·莫博涅（Renee Mauborgne）的模型区分了他们所谓的红海和蓝海战略（Red and Blue Ocean Strategies）。但是，你应该意识到，它本质上是一个理论模型，描述了你应该做什么，但实际上并没有告诉你如何去做。即便如此，它仍然提供了一种有价值的思考方式，来考虑组织相对于竞争对手的位置。

红海战略	蓝海战略
■ 专注于击败现有市场的竞争对手。 ■ 寻求现有需求最大化。 ■ 认为价值与成本之间需要权衡，并相应调整其战略。 ■ 认为"蓝海战略"就是新技术。	■ 旨在寻找没有竞争对手的新市场。 ■ 寻求确定、创建和开发新的需求。 ■ 不认为价值与成本之间需要权衡。 ■ 围绕产品差异化和低成本的理念调整组织的文化、战略、流程和活动。

蓝海战略（BOS）既涉及创新，又创造性地思考组织希望进入的市场。

学以致用

■ 要明白实施 BOS 并不容易，没有可遵循的循序渐进的指南。你需要发挥创造力。换言之，只有少数原则可以为你提供指导。

■ 你或组织的管理团队需要决定哪些因素：

——是你所在行业被认为是神圣不可侵犯的；

——可以降低到行业公认的标准以下；

——应提高到行业公认的标准之上；

——能在业界首次创建并提供给客户。

■ 在考虑上述问题时，最重要的是客户价值来驱动讨论，而不是如何对竞争做出反应。在你的蓝海中，没有竞争对手（至少在最初没有竞争对手）。

■ 首先要确定潜在的蓝海，并将其风险降到最低。避开高风险区域。即使在没有其他复杂性的情况下，采用蓝海战略也有很大的风险。

■ 避免考虑细节。注重大局。

■ 请勿花费时间去考虑现有的需求。索尼公司在没有需求的时候就制造了随身听。

■ 专注于如何建立一个强大的商业模式，这可以确保获得长期利润。

■ 处理组织对新战略产生的抵制/问题（请参见理论 60、65和 89）。

■ 计划实施该战略，并使用新的方法来激发和激励员工，发挥他们的专长。

■ 请切记，BOS 并不依赖新技术。机会源于以新的和创新的方式利用现有的技术。

■ 你无需创建一个新的行业。红海中已经存在的想法通常可以用创新的方式加以利用。

■ 不要让竞争对手的当前成功影响你的思维。如果正确对待，你将通过改变海洋来消除竞争。

■ 尽可能详细地计算每件事的成本和现金流。

问题反思

■ 为什么蓝海没有竞争对手？这说明了什么？

■ 组织对变革的态度是什么？在公开提出我的想法之前，是否需要得到一些重要的利益相关者的支持？

理论 76　贴现现金流（DCF）

适用于比较未来的现金流时，哪种选择能够以当前价格提供最大的回报。

通货膨胀持续导致货币贬值。如果现在的 1000 英镑币值持续增长超过三年，到那时通货膨胀将导致购买力下降。这就是为什么在计算投资回报率时，有必要考虑这种价值的降低，从而得出现金流的净现值（NPV）的原因。

下表列举了因购买价值 10000 英镑的新机器而产生的现金流的净现值，假设该机器将在 5 年内更换，折现率是根据未来 5 年内每年的预测通货膨胀率为 3.5%设定的。

描述符	AP	折现率 3.5%	NPV
本年度的附加利润（AP）	3000		3000+
第 2 年的利润	3000	96.5	2895+
第 3 年的利润	3000	93.0	2790+
第 4 年的利润	3000	89.5	2685+
第 5 年的利润	1000	86.0	860+
净现值总收入			12230+
以净现值购买的价格			10000+
超出机器成本的贴现现金流			2230+

由此来看，值得购买该机器，因为它将在 5 年内以今天的价值将利润提高 2230 英镑。但是，如果事实证明低估了通货膨胀率，那么这个结果就不是这样了。

大多数公司都会设定"门槛回报率"，是指总投资的最低年回报率。设定折现率时会将该百分比考虑在内。

DCF 是评估个人或竞争投资时的关键财务工具。

学以致用

■ 通常，DCF 将由你的会计师计算。在与你讨论之后，他们将在计算中使用以下信息。

——投资成本，例如，全部费用将在第一年支付还是在资产的使用期限内分次支付？

——你如何估算未来现金流的详细信息。

——所有投资有望达到的最低"门槛回报率"以及预采用的通货膨胀率的详细信息。

■ 从以上显而易见，任何 DCF 计算都包含许多难以量化的变量。这对可以达到的准确度水平都有影响。因此，请使用 DCF 作为未来回报的指标，而不是一种精确的计算方法。

■ 在一个或多个项目争夺有限资源的情况下，通过 DCF 可以比较不同的提案。在所有其他条件相同的情况下，你通常会选择 NPV 超出成本最大盈余的项目或投资。但是，你也可以拒绝这种选项，而选择风险较小的提案。

问题反思

■ 我多久会向会计师了解一次财务信息？

■ 我是否需要与组织的关键会计师建立更好的工作关系？

决策理论总结

为什么汤森德的决策制定规则被誉为王者理论

　　管理者时间紧缺，艾森豪威尔就管理者应该授权哪些决策、应该将精力集中在哪里提出了建议，这都是选为王者理论的有力竞争条件。但是，我选择了汤森德的决策规则作为王者理论，因为它涵盖了决策的几个重要方面，易于理解和应用，通过建立现实的绩效水平为所有管理者提供了保证，并且经实践证明是有效的。

　　如果你仍然担心一个好的管理者只能做出 33% 的正确决策，请考虑以下内容。在棒球比赛中，一个强大的击球手的目标是达到 0.333 的打击率。换句话说，他们预计三分之二的投射机会没有得分。英格兰有史以来最强的射手吉米·格里夫斯（Jimmy Greaves）说，一位高超的射手每四次投射就有一次得分。这两项能力都需要高超的技巧、精准度和运气。要想始终是一个优秀决策者，你需要提高自己的技能，采取明智地行动，并希望一直有好运气。

第十章

如何控制质量

简介

根据菲利浦·克劳士比的观点，质量研究与性的研究有很多共同点。每个人都想要更多（在特定条件下）；每个人都认为自己了解它（即使他们无法解释）；每个人都认为自己擅长此事（是否还有其他错觉）；我们都理所当然地认为任何问题都是别人造成的。

如果无法澄清一些基本假设，很难就性、质量或任何其他复杂话题进行有意义的讨论。这就是本章要阐述的内容。阅读本章内容，你不仅可以更好地了解所有内容，还可以应用一些有用的想法。可惜我不能说这会改善你的性生活！

如果要一些人说出一种优质产品，他们可能会提到劳力士、劳斯莱斯或普拉达。这是因为人们倾向于根据价格和名声来衡量产品的质量。这意味着大多数无法负担此类奢侈品的人对质量的要求不高。然而，还有许多中等价格的优质产品，例如天梭表和斯柯达汽车（曾经被嘲笑为"垃圾车轮"）。我们要做的是，不根据价格或名声来衡量质量，而应该考虑适合性：产品或服务是不是我们想要的？在价格和可用性方面是不是都合适？

我从 1980 年发生的事情说起，尽管许多作家在更早期的时候都叙述过此类情况，但 1980 年 NBC 电视台对威廉·爱德华兹·戴明的采访引发了所谓的质量革命。在采访中，戴明被问及美国在制造优质产品方面赶不上日本的原因。他告诉美国公众，他认为日本不会停滞不前。

理论 77 戴明的七种致命疾病

用于诊断组织最有可能患上的疾病。

戴明（Deming）所做的工作的核心内容是他所说的西方工业出现的七种致命疾病。

戴明的七种致命疾病：
缺乏目标的稳定性，导致组织没有长期的经营战略。
注重短期利润，从而降低质量和生产率。
通过人事考核或年度考核制度评估绩效，这会加剧组织间的竞争并破坏团队合作。
管理层的流动性，导致对组织的了解不足，不能将长期目标进行到底。
仅凭可见的数字来经营组织，无法认识到未知和不可知数字的重要性，例如满意客户的"乘数"效应。
员工卫生保健的医疗费用过高，导致最终的产品或服务的成本增加（他正在写美国相关情况的文章）。
因客户对产品或服务不满意而产生的过高的担保成本。

戴明认为，只有通过明确质量保证、向员工传达质量信息，并认识到有必要在整个团队中建立全面的质量管理信念这种有效的管理方式，才能解决上述问题。

学以致用

■ 要解决这七种致命疾病，你需要制订一个计划，确定在 3~5 年内你要实现的目标（请参见第八章）。

■ 反对组织中其他人可能提倡的短期思维。例如，为了在短期内增加利润而减少培训和发展的支出。但是，3 年后你会怎样？

■ 自问一下，我们的绩效系统是否奖励产出或结果？产出是指你生产的产品，结果是指客户对你产品的感觉。有许多不可知的数字，例如"乘数"效应，即当一位满意的客户不仅再次购买你的产品，而且还把它推荐给朋友和家人。你不能仅仅因为这些数字不可知或无法计算，就忽略它们。

■ 对于跳槽的管理者，请不要担心。每个组织中都有一群忠于组织的管理者。这些人是中层管理人员，他们知道其他地方的草并不总是更绿。只要给予机会，并且不将其视为另类，他们就可以执行组织的长期计划。

■ 对于好打官司的团体，最后两种疾病的情况会变得更糟糕，他们认为只要有过失就得索赔。通过减少合法索赔情况的发生来保护员工、组织以及你自己，并通过生产符合目标的高质量产品来减少投诉。

问题反思

■ 我的组织是否得了某种疾病？

■ 我认为治疗组织是每个人的责任，还是仅仅是质量控制团队的责任？

理论 78 朱兰的质量三元论

用于避免因质量差而流失客户。

乔·朱兰（Joe Juran）是全面质量管理（Total Quality Management，简称TQM）的创始人之一。他是标杆管理和质量成本概念的早期拥护者，并帮助推广了帕累托法则（Pareto Principle）（请参见理论91）。他最著名的理论是质量三元论，包括三个管理流程。

质量计划确定组织的客户是谁及其需求。然后，利用此信息创建可以生产出完全满足客户需求的产品或服务的流程。

质量改进涉及建立质量改进所需的基础结构。第一步是确定关键的"生产工人"，并为他们提供高效/成功所需的资源、培训和动力。

质量控制是根据预期来衡量质量性能，确定差距所在，并采取措施来纠正任何缺陷。

朱兰认为，管理不当是造成大多数与质量相关的问题的原因。他列举了他们未能确定的客户需求的情况（请参见理论 80），如果没有合适的人员和流程，即便发现了大多数质量问题的根源，也无法满足这些需求。

学以致用

■ 收集哪些行为导致问题的信息，然后分析这些行为，找出问题的根本原因。不可思议的是，经常会用到帕累托的 80/20 法则（请参见理论 91）。你会发现与质量相关的问题中，80% 的问题是由约 20% 的组织行为导致的。

■ 建立一个质量团队（有时称为论坛或圈子）（请参见第五章），推动质量改进计划的发展。选择那些热衷于提高质量的人员。

■ 请记住，尽管你可能是质量改进项目的推动者，但质量是一个组织范围内的问题，如果没有其他管理者的支持，即建立一个联盟，你可能无法解决问题（请参见理论 60 和 65）。

■ 为团队提供完成工作所需要的资源、培训和技能（请参见第五章）。为质量改进计划提供资源可能成本很高，但如果不这么做，取而代之的将是质量差、订单丢失和投诉。

■ 与客户讨论他们对你的产品/服务的期望。你是否正在和客户面谈，或者如彼得斯和沃特曼建议的那样超出客户的期望？如果没有，请找出原因（请参见理论 80）。

■ 无论多么小的成功都要举办庆功会。许多小改进的累积影响可能是巨大的，并且会激发人们对进一步改进的热情（请参见理论 82）。

问题反思

■ 我的团队中有质量冠军吗？
■ 我是否在实施质量计划之前与组织的其他管理者建立了联盟？

理论 79 克劳士比的质量管理成熟度网格（王者理论）

用于了解你和你的团队建立质量计划所需经历的各个阶段。

菲利浦·克劳士比（Phil Crosby）在《质量免费》（*Quality is Free*）一书中，针对保证声明和不良公共关系，讨论了提供劣质产品的组织的成本。他认为，建立了质量计划的组织因此所节省的费用将超过覆盖任何此类计划的成本。

克劳士比的信念是"第一次就做对"的原则，他认为只有在组织达到运营成熟的水平时才能实现。要达到这种成熟的水平，组织或个人需要经历五个阶段。

智慧与确定

> **确定期**：知道你没有质量问题的原因。

> **智慧期**：相信缺陷预防的价值是所有运营的一部分。

> **启蒙期**：通过良好的管理以及投入足够的资源着手解决问题。

> **觉醒期**：询问是否必然会一直存在质量问题，但不愿意投入解决问题所需的资源。

> **不确定期**：不知道为什么你在质量上存在问题，倾向于指责他人。

无知与不确定

来源：Adapted from Crosby, P. B., *Quality is Free*：*The Art of Making Quality Certain*（*Mcgraw-Hill*，1978）.

学以致用

■ 与对提高质量感兴趣的其他管理者建立联盟。

■ 估量自己的现状，并请团队/组织中尽可能多的员工来完成《质量免费》一书中或网上的成熟度网格评估。

■ 如果大家普遍认为你正处于成熟的初期阶段，请不要感到惊讶。你和你的员工需要做的第一步是：从无意识的无能力（做错事且不知道犯错）到有意识的无能力（做错事但知道犯错）。第二步和第三步是接受大多数事情都无法按预期进行，以及问题会滋生问题的现实。只有当你接受现实情况时，你才可以解决问题。

■ 解决任何问题之前，必须明确问题的原因（请参见理论81）。只要有一点不良数据，就有可能破坏整个过程的完整性。因此请在收到所有数据时检查并验证它。

■ 分析时不要仅仅依靠统计数据。找出人们对这个问题的看法。

■ 只有在你完全理解问题并拥有解决问题的资源时，你才可采取措施。

■ 确定你的客户需求，事先就性能标准达成一致，在交付时不要让任何东西妨碍你。

■ 一旦启用新系统，请监控投诉情况，并根据需要调整系统。

问题反思

■ 我的团队是否将质量改进视为重要的问题？

■ 我的团队将质量改进视为一次性任务还是一个持续的过程？

理论 80 彼得斯、沃特曼和奥斯汀的成功管理模型

该模型用于确定优秀组织的特征。

汤姆·彼得斯（Tom Peters）、鲍勃·沃特曼（Bob Waterman）和南希·奥斯汀（Nancy Austin）认为，对生产优质产品的关注是优秀组织的基本特征。

对于质量管理至关重要的八个先决条件是：

重视行动：鼓励包括员工、客户和供应商在内的跨职能团队做出积极的决策。

与客户保持密切的联系：确定客户的需求的能力。

自主性和企业家精神：愿意在整个组织内促进创新并培养"质量冠军"。

员工的生产力：将所有员工视为质量来源的一种意愿，尊重、参与并赋予他们权力。

亲自实践，以价值为驱动力：管理层应始终表现出对质量的承诺，并采用反映这一点的管理理念。

密切关注：对组织熟悉且具有专业技术的业务保持密切关注。

简单的形式，精干的员工：制定简单的组织结构，要有高级员工。

同时具有松紧性：以勇于冒险（松）与满足目标相结合并保护核心价值（紧）为前提，允许自治、自由流动的组织形式。

1985 年，彼得斯和奥斯汀总结了他们对卓越的思考：关注客户、渴望创新、激励员工以及追求卓越的领导热情。

学以致用

■ 倾听你的客户，了解他们及其需求。对他们不断变化的需求保持敏感，并在他们提出要求之前就交付其想要的东西。

■ 建立一支由员工、客户和供应商代表组成的跨职能团队，研究如何提升对客户的服务。

■ 请记住，你的客户可能是内部客户，也可能是外部客户。

■ 支持组织中的创新和事业。发现并培养整个组织中热衷于追求卓越并希望提高质量的员工。

■ 将所有员工视为潜在的质量来源，他们与典型的重视实际和以工作为中心的管理者（请参见理论 12 和 13）不同，应予以尊重。让他们参与决策并授权他们去做自己的工作。这样做，可以同时提高生产率和质量。

■ 始终表示出你对质量的承诺，并采用反映这一点的管理理念。成为"动手的老板"而不是"缺席的房东"（请参见理论 17~19）。

■ 使员工充分发挥能动性，鼓励他们在明确定义的参数范围内行使自由裁量权。只要他们诚实行事，不要批评其尝试和失败。

■ 密切关注最了解的内容。

■ 保持组织结构和系统的简单性，如果太复杂性会引起麻烦。

■ 允许员工在广泛且明确定义的范围内行使自己的自由裁量权。

问题反思

■ 谁是我的客户？

■ 他们的真正需求和期望是什么？

理论 81 石川馨的鱼骨模型

用于分析问题的原因和影响。

石川馨（Kaoru Ishikawa）认为，在开始考虑解决方案之前，必须先探索所有可能导致质量问题的因素。他于 1990 年开发了鱼骨模型，这是一种分析因果关系的方法，可以总结如下：

来源：Adapted from Ishikawa, K., *Guide to Quality Control* (2nd edn) Asian Productivity organisation, 1986).

该模型有点像思维导图，通过图形方式来表示问题及其原因。石川馨模型和更传统的思维导图不同的是，此过程是线性的

（对于逻辑思想家来说更好）。

学以致用

■ 明确并定义你的问题，将其写在白纸上的方框中（如果你确实热衷于符号表达，你可以将其绘制为鱼头形，然后添加鱼的中间脊柱）。

■ 找出涉及该问题的主要因素。集思广益，确定你和你的团队可以想到的尽可能多的相关因素（请参见理论 67）。这些因素是从鱼脊柱伸出的"大骨头"（如果不小心，你可能会被它卡到；如图所示）。

■ 分析每个问题（"大骨头"），尽量找出可能的原因。将这些原因与相应的大骨头联系起来，形成一系列"中型骨头"（如图所示，开始分析机器故障）。

■ 分析结果并进一步研究。对于复杂的原因，随着对问题的分析深入，你可能不得不在中型骨头上添加"小骨头"。

■ 完成后，不要只欣赏你的艺术品，尽一切努力进行测试，找出那些可能导致每个问题的原因。当你知道真正的问题是什么时，请确定并实施可行的解决方案。

■ 这个过程并不像看起来那么复杂。在你已经解决的工作问题上进行尝试。我敢打赌，你会得到以前从未发现的新因素。

问题反思

■ 我是否具备具体的知识来识别可能导致问题的因素和次级因素？

■ 如果没有，谁可以帮助我？

理论 82 今井的 Kaizen 5S 组织管理理论

使用此理论可以了解非常小的变更可能会对质量产生的影响。

Kaizen（改善）是一种日本哲学，意为变革（Kai）并变得更好（Zen），但今井正明（Masaaki Imai）在 20 世纪 80 年代和 90 年代重新诠释并普及了管理理论的哲学。

今井提出，Kaizen 是一个持续的改进过程，依赖于团队合作、个人纪律、良好的士气、优质的讨论和改进建议。他说的大部分内容都可以说是对一个好管家的要求。

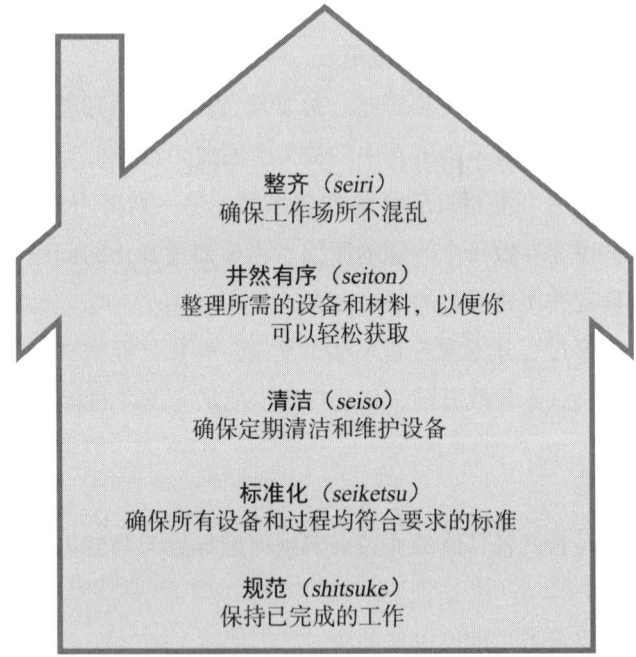

整齐（*seiri*）
确保工作场所不混乱

井然有序（*seiton*）
整理所需的设备和材料，以便你
可以轻松获取

清洁（*seiso*）
确保定期清洁和维护设备

标准化（*seiketsu*）
确保所有设备和过程均符合要求的标准

规范（*shitsuke*）
保持已完成的工作

Kaizen 依靠渐进而不是突然的变化，以及所有员工都认为提供高质量的产品和服务符合其利益的信念。这是通过在整个组织中消除浪费和效率低下来实现的。

学以致用

■ Zen 都是简单的东西，该理论也是如此。再次阅读该理论，你会理解所有内容，我不需要再给出任何建议。但是，就像 Zen 一样，要掌握简单的原理，你需要坚定的决心、自律且目标一致。

■ 使用 Kaizen 理论时，你必须畅所欲言，并为所有员工做出榜样。毕竟，如果你的办公室看起来像个垃圾场，那么你就很难要求他们保持工作区域整洁，也无法避免出现问题。

■ 请记住，Kaizen 并不是要使团队活动的某一个方面提高10%，而是使每项活动提高 1%。这些微小改进加起来可以大幅提高质量，也会令团队对自己的工作感到自豪。

■ 如果你决定采用 Kaizen 措施，请结合走动管理（请参见理论 7）。花时间去车间或接待处了解如何利用时间、精力和资源。你正在寻求的是小的逐步改进，你可以轻松实现这些改进，从而提高质量。你还应该留意可以在整个组织中传播的良好做法。

■ 为了保持想法源源不断，要鼓励员工说出想法以便进行改进。确认并奖励提出建议的所有人，也包括那些提出你不采纳的建议的人。

问题反思

■ 我在实施 Kaizen 并无限期地执行计划时是否自律？

■ 我如何使员工相信，每项活动都提高 1%，将对总体质量产生巨大的影响？

理论 83 标杆管理矩阵

> 使用该矩阵作为确定可以使用的内部和外部最佳实践的框架。

标杆管理是弗雷德里克·泰勒（请参见理论2）于20世纪初提出的一个概念。他在长凳上画粉笔标记来确定出色的执行者。这可以提示那些业绩或工作实践不那么好的员工向出色的人学习。在过去的100年中，这种相当粗略的质量管理方法已经得到改进，现在已成为许多组织的精细管理工具。

范围	产品/服务	职能/流程
内部	对组织中不同部门生产或提供的产品和服务进行比较分析	对组织中不同部门承担的职能和流程进行比较分析
外部	对内部生产或提供的产品和服务与其他组织中存在的产品和服务进行比较分析	对组织中所承担的职能和流程与其他组织中所存在的职能和流程进行比较分析

请注意：进行外部比较时，组织不必将自己与其他组织的同一部门进行比较。例如，银行可能会通过与超市和快餐店的做法进行比较，来了解很多有关队列管理的知识。

学以致用

标杆管理的关键在于了解你在追求卓越的过程中所处的位置（使用理论 77 ~ 79 来确定你的位置），确保你经历了以下四个阶段：

1. **计划阶段**：模型中最重要且最耗时的活动。找出哪些主题领域对你的组织最重要。每个领域内的哪些活动需要进行标杆管理？收集每个活动数据的最佳方法是什么？谁是每项活动的最佳实践者？

2. **执行阶段**：开始实验。与你的标杆合作伙伴就研究范围以及可能出现的任何道德问题达成一致。选择最合适的人员进行研究，并确保组织的各个层面都投入到该项目上（请参见理论 60和 65）。

3. **检查阶段**：开始分析数据并确定质量差距。使用石川馨的鱼骨模型（请参见理论 81）确定性能差距的原因，然后再决定采取什么措施。

4. **处理阶段**：采取行动。让所有与变革有关系的人参与进来，监控计划的实施进度，并在必要时修改策略（请参见第七章）。使用 SMART 目标（请参见理论 97）来监控进度。

问题反思

- 我如何从外部组织收集数据？
- 我是否做好准备以应对练习过程发现的所有问题？

理论 84 业务卓越模型

以此作为提高组织各方面意识的手段以及改善绩效的措施。

马尔科姆·鲍德里奇（Malcolm Baldridge）是将业务卓越模型（the Excellence Model）作为提高组织质量意识的一种手段的推动者。鲍德里奇的工作在美国颇具影响力，并且经欧洲质量管理基金会（European Foundation for Quality Management，EFQM）修订后在欧洲使用。

EFQM 业务卓越模型包括 9 个基本概念，即 5 个"引擎"（Enables）和 4 个"结果"（Results）：

■ 引擎是组织必须做得很好才能被认可为出色的活动。

■ 结果是用于评估上述活动的影响的措施。

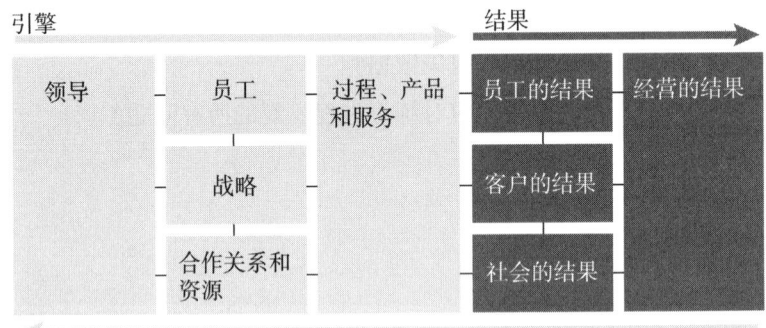

来源：Adapted from the European Foundation for Quality Management, copyright © EFQM 2012 Excellence Model, Brussels, Belgium, www. efqm. org

尽管 EFQM 确实为希望获得这种认可的组织提供了一个业务

卓越模型，但是该模型通常用作自我评估的工具，用于对组织在"引擎"和"结果"方面的表现进行评分。

学以致用

■ 填写 EFQM 网站的在线调查问卷。根据 9 个类别对你的组织/团队进行评分。一些有用的描述符可以帮助你为每个类别评分。

■ 如果可能，横向截取组织/团队的一部分人来完成调查问卷，或者更好的是组织中的每个人都完成。

■ 汇总分数并计算出整个组织的平均分数。如果你只得到350 分（满分为 900 分），不必感到惊慌，这只是课程的初次成绩。从长远来看，350 分或更低的分数是行不通的。如果你所在的是大型组织，那么可能需要任命某个人作为质量负责人。如果你只是为你的团队或部门做这件事，那么可能最终将由你自己完成整个工作。

■ 首先关注得分较高的类别，查看是否可以实现一些快速的胜利。然后朝着有更大改进余地的类别努力。继续返回到调查问卷，评估已取得的进步。

■ 请记住，这是一个自我评估过程，因此，必须检验你的假设和印象。请对正在发生的事情进行公正地评估，并挑战你的分析结果。

问题反思

■ 争取 EFQM 奖是否可以激励我和我的团队，而不仅仅是通过流程提高绩效？

■ 满足了最初的项目目标后，我将来如何监控、维护和改善绩效？

质量管理理论总结

为什么克劳士比的理论被誉为王者理论

人们都深信戴明为恢复日本工业做出了巨大贡献。如果他的理论和实践具有相同的品质，那么就不会有竞争了。可悲的是，他的理论缺乏克劳士比成熟度网格所具有的吸引力。克劳士比理论的优势在于其对《质量免费》的简单而深刻的见解。

大多数质量管理理论的共同思路都是组织中的所有利益相关者尽一切可能提高组织的产品、服务和程序质量，可以概括为对"每次都做对"的渴望。因此，你必须记住质量改进是组织范围内的问题，它不可能像一袋优秀产品一样长期存在于一个充满敌意的环境中。因此，在你启动质量计划之前，首先请所有的高级管理者加入。证明"第一次就做对"的花费总是少于以后纠正错误的花费，使大家都接受计划。

在你开始考虑解决方案之前，请先探究造成现有问题的所有原因。开始时请记住，要进行小幅增量改进，而不要进行大量的突然改变。将十个流程每个提高1%比将一个流程提高10%要容易得多。始终庆祝你所取得的成功。这不仅可以激励员工，还有助于赢得怀疑者的认可。但是，既要着眼于短期收益，也要长远考虑，并在一线员工的帮助下确定客户的期望，然后找出超出他们期望的方法。

将产品/服务和职能/流程的内部和外部比较作为标杆，无论何时都敢于提出（或者说修改和采用）好的想法。

切勿自欺欺人地相信自己比实际更好。为避免画出过于乐观的景象，计算时不要以未经检验的假设作为基础。要么独立验证数据，要么放弃。

如果你着手进行质量改进计划，必须意识到自己将长期参与其中。一位黑人乡村工程公司的总经理告诉我，他是如何花两年时间推行全面质量管理，然后才看到员工态度真正发生变化的。"但是"，他说，"有一天早上，他们走进办公室，放水壶之前先打开机器，我就知道他们有了归属感。"这样的迹象就表明成功了。

第十一章

如何行使权威、权力和影响力

简介

所有管理人员都有兴趣了解自己拥有什么权威、权力和影响力（Authority、Power、Influence，简称 API），以及它们的局限性和性质。

许多管理者，尤其是那些刚晋升或由组织外部任命的管理者，都不愿意使用他们所拥有的 API。不要陷入这样的怪圈。作为管理者，你将获得一定程度的权威和权力，并被期望行使它们。如果你不这样做，同事会认为你没有"适合的东西"来管理，员工也会对你不屑一顾。

关于行使权力和权威，给军官和教师的建议是相同的。一开始要努力，说明谁是负责人。当然，困难的是适应特定环境，我不建议你在上任第一天就让员工在停车场附近采用双计时法（也许你可以在第二天再这样做）。适应环境后，你再后退一步总是比过分柔和然后尝试提高控制水平要容易得多。请记住，你是一名管理者，你的工作是获得成果，而不是赢得人气。但这并不表示你无法与员工保持良好的关系。

特鲁曼总统对未来领导人的建议是"慢慢地走，执行大棒政策"。这对于管理者来说，也是一个好建议。

拿武术做比喻，如果说权威和权力是空手道，影响力就是太极拳。影响力是软实力，与说服力有关。这取决于他人尊重和信任你的程度以及你的观点。因此，如果你想发挥影响力，例如对你的老板，你首先要和他们建立信任。

以下内容介绍了这个引人注目的领域，我强烈建议你多阅读一些这方面的材料。

理论 85 韦伯的三类权威

用于明确你作为管理者可以使用的各种权威。

马克斯·韦伯（Max Weber）确定了权威或权力的三个来源，它们是魅力型权威、传统型权威和法理型权威。

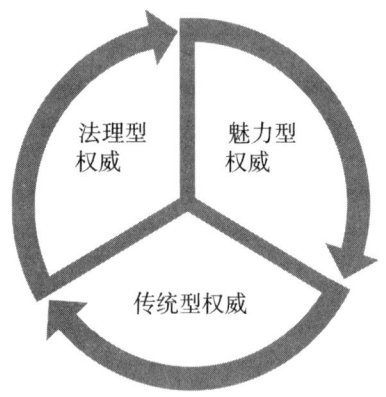

韦伯将魅力型权威定义为仅授予少数人的"非凡的个人恩典"（魅力）。员工被魅力四射的管理者所吸引，相信他们能力强、具有特殊能力并且值得信任，可以兑现诺言。

传统型权威或权力基于传承。个人、家庭、精英和团体都可能有，可以代代相传。例如，王室固有的权力和地位都是继承制。

法理型权威是特定办公室所附带的权力。此类办公室的负责人可以行使该办公室的所有权力，直到他们离开岗位为止。例如，销售总监，只要其在位，就具有合理的权力来指挥所有销售人员。

天主教是这三种权威的典型案例。基督教会负责人都极具魅力。天主教的牧师接受圣职后，就具有了可以对普通人行使的传统权力，而罗马教皇对整个教会行使合法权力。

学以致用

■ 确定每个权威级别。

■ 根据韦伯的观点，只有极少数人拥有魅力型权威。但是在你判定自己缺乏魅力之前，请先回顾一下理论 16。

■ 传统型权威基于共同的忠诚。如果你是一个家族企业的局外人，除非你愿意"嫁"给该家族，否则很难有机会晋升至高级职位。为了实现雄心壮志，你可能不得不离开。但是，在你跳槽之前，请记住，传统型权威存在于任何组织中，这样的组织通过公立学校、大学、军队或其他 100 种经验中的任何一种的共同历史将精英团结到一起。

■ 作为管理者，你自然而然拥有一些法理型权威，并且人们希望你行使它。请不要让大家失望。

■ 通常，本书的大多数读者拥有很少或没有传统型权威，但有一定的魅力，并且根据资历，还会具有相当大的法理型权威。

■ 努力提高自己的魅力（请参见理论 16）。

■ 确定你的法理权威范围，并愿意行使它。管理者们通常不愿意告诉人们要做什么而无法行使他们的权力。你必须消除这种自负心理。如果你拒绝使用任何可用的工具，那么管理会非常困难。

问题反思

■ 我的法理型权威有哪些限制？

■ 我拥有哪些魅力型权威的特点（诚实、正直、忠诚）？

理论 86 弗伦奇和雷文的权力来源理论(王者理论)

用作明确你可以使用的权力资源的检查清单。

权力模型多种多样。1959 年,弗伦奇(French)和雷文(Raven)提出了诸多卓越模型中最出色的一个。他们确定了个人或公司的五个鼓励或强迫服从的权力来源。

法定性权力:一个人的职位要求员工服从他的指示。

奖赏性权力:给予或保留对他人的财务和非财务奖励的能力。

强制性权力:制裁或惩罚其他人或团体的能力。

专家性权力:某人在特定领域有专长,他人愿意听从他们的建议/指示。只有此人的专业知识被需要时,才具有这种权力。

参照性权力:通过树立榜样或个性力量来命令服从的能力。

弗伦奇和雷文不仅列出了权力来源,还对权力的本质有了更深刻的理解,即当一个领导者可以结合两个或更多的权力来源,就会产生协同作用。例如,如果他们拥有 2 级法定性权力和 3 级参照性权力，那么他们的综合权力不是 5，而是 6，2 + 3 = 6。因此，领导者寻求最大程度地利用自己掌握的各种权力至关重要。

学以致用

■ 作为管理者，你拥有权威职位。要确定该权威的限制。当你行使权威并期望员工遵守你的合法要求时，应充满信心（请参见理论 11），期待员工遵守并执行。

■ 确定你可以向员工提供的奖励范围，并提醒他们奖励不一定是金钱上的。对一个人而言，公众的认可或设立新职位可能比晋升或加薪更有意义（请参见理论 26）。请兑现你的所有承诺。

■ 确定强制性权力的限制。切勿使用强迫手段压制员工，但是，绩效不佳采取适当的手段和制裁措施是完全合理的。员工通常意识不到自己的表现不好。对于这种情况，要采取非正式沟通的形式，而不是更正式的做法。

■ 确定你拥有何种专家性权力（若有）。如果你具有专业资质，则具有一定程度的专家权力。学习你所属学科中的一个或多个热门领域的专业知识，并将其应用于你的组织。

■ 我们中很少有人能像好莱坞巨星那样具有超凡的魅力。但是魅力是旁观者赋予的。因此，请考虑一下你在员工心中的形象。行事有信心、讲诚信，并为他们提供可以实现的愿景（请参见理论 16~19），他们会觉得你具有极大的魅力！

■ 尽可能多地累积权力，因为两个或多个权力来源会产生协同作用。即 2 + 2 = 5 的情况。

问题反思

■ 我可以获得哪些权力来源？

■ 我的组织中谁在行使权力？我可以从他们那里学到什么？

理论 87　马基雅维利的生存指南

用于保护自己不受善于权谋术的同事和老板的伤害。

马基雅维利（Machiavelli）在失业后找工作时，向伟大的洛伦佐·德·美第奇申请了工作。这是世界历史上最好的求职申请之一，后来经出版被命名为《王子》。

马基雅维利的领导者生存指南提供了广泛的建议，其中包括：

领导者必须接受其面对的现实，而不是希望存在的现实。

领导者决不能袖手旁观。相反，他们应该利用平静期计划自己的未来策略。

信任老敌人比信任老朋友更安全，因为敌人会很感激并且不断寻求表现自己的忠诚。

如果一项行为实现了目标，那么它就是有效的——目的证明手段是合理的。

为避免将来发生冲突，新任领导者必须彻底消除残留的旧政权。

那些帮助领导者获得权力的人往往会成为威胁，因为他们认为领导者亏欠他们。必须脱离他们。

领导者应该消除对其职位的任何威胁，然后获得成长的机会。

对领导者来说，让人畏惧比让人喜爱更好，因为对惩罚的恐惧比对喜爱能带来更多的忠诚。

学以致用

■ 应用此理论时，我不是建议你买一只白色的波斯猫，在和员工交流时懒洋洋地抚摸它。相反，要将马基雅维利的思想用作防护盾，来防御阴谋者、心理变态者以及善于权谋术的老板和同事。

■ 作为管理者，切勿自欺欺人，也不要让任何人误导你对现实情况的判断。只有面对现实，你才能应对当前局势并为未来做好计划。

■ 切勿安享当前的收获。利用休息时间寻找潜在的威胁和机遇，并制定应对策略（请参见理论 67~70）。

■ 作为一名员工，请保护好自己的利益，不要受到那些认为目的和手段都正当的管理者的损害。在符合他们的目的的情况下，他们不太可能会处置你。请记住，对于马基雅维利式的管理者来说，这比成为他的朋友更有帮助。

■ 许多新任高级管理人员在任命后的一年内就更换管理团队，以此来对组织和员工行使权力。如果你认为这种情况可能发生，请想好退路，以防万一。

■ 你所帮助的任何人在达到权威地位时都有可能将你视为威胁。如果有可能发生这种情况，请设法让自己对他们有用，否则为自己想好退路。

■ 避免对工作投入太多的情感意义（归属感、地位、价值）。组织不会有这种感觉。他们与你签订的合同基于商业交易，如果他们不再需要你，会让你离开。意识到这一点并重新考虑你与工作的关系，你就不会对自己的待遇感到失望或惊讶。

问题反思

■ 我该如何确定马基雅维利式的管理者？

■ 我与马基雅维利式的管理者打交道的策略是什么？

理论 88 索福克勒斯论如何失去权力

用于提醒你由于自己的行为而失去权力有多么容易。

哈佛商学院商务学教授罗莎贝丝·莫斯·坎特（Rosabeth Moss Kanter，1943— ）因在变革管理方面获得的成就而闻名。变革总是意味着改变当前存在的东西，而做到这些需要权力。她将权力定义为"完成工作的能力"。

希腊伟大的剧作家索福克勒斯（Sophocles）提出了一个与上述定义相对应的观点，他说领导者应该"永远不要掌控你无法做到的事情"。

这两个想法之间的联系显而易见，如下图所示：

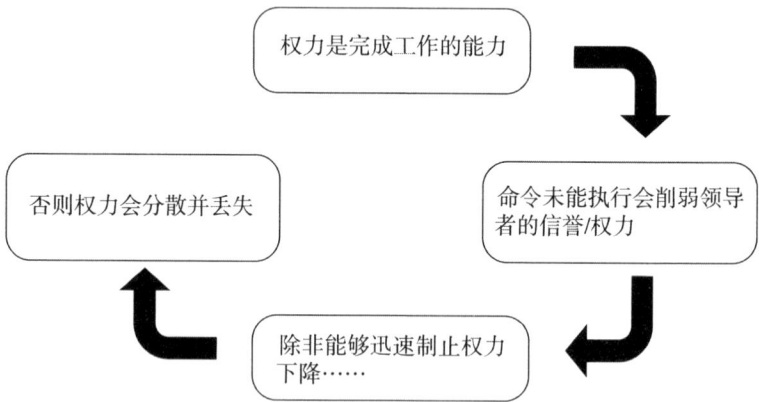

权力是完成工作的能力

命令未能执行会削弱领导者的信誉/权力

除非能够迅速制止权力下降……

否则权力会分散并丢失

学以致用

■ 如果你发出指示，但发现自己不能按照希望的方式执行，那么你可能会失去权力。无法服从命令会像成功的政变一样迅速削弱权力。必须不惜一切代价避免发生这种情况。因此，你必须奋力一搏去赢得胜利。

■ 如果权力是完成工作的能力，那么拒绝通过行使权力来开展工作，也许是失去权力的第二大快速方式。作为管理者，你有一定的权力来源（请参见理论 85~86），但是如果你从不行使权力，它将被削弱、无用武之地。如果你要持续保有权力，就要不断地行使它。

■ 从你被任命到具体职位的那一刻起，就要开始展示你的权力。大家期待看到你的工作表现。他们很快就对你做出判断，即使是错误的判断，也会在你纠正错误想法时带来阻碍。避免发生这种情况的一种方法是做一些事情来宣布你的到来。结果如何取决于你可以求助的权力来源（请参见理论 86）以及你在组织中的职位。但是，无论你做任何事情，都不要过分宣布、强调或详细说明。你的动作越轻松，对人的影响就越大。

■ 许多英国人觉得告诉别人该怎么做既困难又尴尬。这不是他们成长或社会文化的一部分。克服它！如果不把一只手绑在背后，管理会非常困难。权力是武器库中最有效的武器之一，它不应该是你的首选武器，但是，当其他所有方法都失败时，你必须用它来强制员工服从你的指示。除非你定期行使自己的权力，否则你会发现管理非常困难。

■ 如果下达的指示被忽略，请不要以强制性权力作为首选解决办法。过早行使强制性手段会损害你在员工和同事心中的信誉。将强制手段作为你的核武器，仅在不得已时使用。但是，如果其他所有方法都失败了，你往往会想采取这种手段。

■ 如果只有一个人反对，你可以采取私下沟通的方式来解决。如果由某位同事领导的一个小组反对，请当着小组人员的面和这位领导沟通解决。如果沟通不愉快，那么仍旧有可能解决；如果沟通有效，则肯定能解决。

问题反思

- 我在下达命令和强制执行方面是否有问题？
- 是否有人或团队反对我的指示？我该如何消除它们？

理论 89 汉迪的消极权力理论

> 该理论仅适用于极端情况，但对于不愉快的员工，请时刻给予关注。

查尔斯·汉迪（Charles Handy，1932— ）是一位爱尔兰作家和哲学家，专门研究管理和组织行为。他最著名的作品是关于组织文化的《管理之神》（*The Gods of Mamagement*）一书。他还提出了消极权力的概念，将其定义为：

> "一个人阻止事情发生的能力。"

通常，消极权力主要体现在权力很低的人身上。例如，在20世纪60年代或70年代，如果你是在"流水线上"为每一辆缓慢驶过的汽车拧螺栓，实际上你是组织中毫无权力的基层员工。但是，如果你在生产线上掉落一个扳手，那么后面20米的轨道都会停止工作，生产也会停止数小时，还会损失数千英磅。这就是行动中的消极权力！

学以致用

■ 作为管理者，你有能力减慢或阻止事情的发生。你可以开会讨论建议、提议和计划。你可以阻止任何寻求变革的人。但是，如果你经常这样做，你很快就会被认为是制造问题的人，而不是解决问题的人。因此，你只能偶尔使用此功能，仅当你真诚地认为这样符合组织的最大利益时再提出反对意见。

■ 切勿为了自己或团队的利益而使用你的消极权为。作为管理者，你必须忠于组织。你应该始终做那些对组织最有益的事情，而不是对自己最有益的事情。如果你以自己的喜好做出次优决定，会损害组织的利益，并且还会破坏组织的长期前景。

■ 如果你确实需要行使消极权力，那么设法掩饰自己参与其中。就像流水线上的员工一样，在工作中投掷扳手时，你会想离得远点。

■ 作为管理者，你拥有一定的权力和影响力。这为你挑战决策和政策提供了方法。因此，你必须尽量少地采用消极权力。但是你的员工却不是这样。他们常常会感到无能为力、被边缘化。通过以下方案阻止他们行使其消极权力：

——定期与他们交流，了解他们在工作中面临的问题、他们对改进程序和流程的想法以及他们的目标和抱负（请参见理论7和26）。

——将赫茨伯格的激励与保健因素理论作为员工激励策略的基础（请参见理论26）。这确保员工在工作方式上享有一定程度的自主权，并在表现良好时给予相应的认可。这两个因素都可以消除员工在工作环境中的无助感和失控感，而这正是大多数消极权力行为的根源。

■ 当出现消极权力时，请确定其来源。除非是一件严重的事情，否则在走纪律流程之前，应设法通过讨论解决。但是要告诉人力资源部你计划做什么。使用托马斯和齐曼的冲突解决模型（请参见理论92）确定问题的根本原因，然后继续研究如何消除这些原因。

■ 如果无法达成协议，你可能必须以纪律处分的形式使用强制性权力（请参见理论15）来解决问题。如果你已经向人力资源部说明了问题的来龙去脉，他们会对你的后续工作给出更好的指导建议。

■ 绝对不要挑战你的权威。如理论 88 所述，如果只有一个人反对你，请关上门私下解决。如果此人领导一个小组，那么你要"杀一儆百"，并且在其小组所有人面前做这件事最有效。

问题反思

■ 我有什么消极权力？我会在什么情况下行使它？

■ 我的员工中有没有人对我或我的团队行使消极权力？如果有，我该怎么做？

理论 90 影响力来源

用于帮助你制定行使影响力的策略。

影响力与权力的不同之处在于，前者是试图说服而非强迫别人遵守你的要求。凭借权力，你可以强迫别人服从你的命令，但这并不是建立一个快乐团队的好方法。管理者需要掌握影响力和说服力的柔和艺术。

作家、心理学家和管理专家已经确定了管理者可以使用的各种影响力来源或策略。下表列出了出现率最高的七个来源。

影响力来源包括：
让员工觉得你和他们一样。对于那些与自己的观点和信念相同的人，员工会做出更积极的回应。
使人感到舒适。主动倾听，比如重复他们所说的话，表明你在倾听（请参见理论7）。
找到激励他们的因素，并提供激励（请参见第三章）。
允许员工参与任何影响他们的决策过程，即使只是很小的一部分。
着重说明你为员工提供的职位有多么特别并且是独一无二的。
牢记互惠原则和交换厚待的价值。
如果员工对你展示出来的专业知识印象深刻，那么想办法低调分享知识，不要让员工觉得你是在炫耀。

学以致用（1）——影响面试小组

■ 第一印象很重要。为了生存，我们的祖先必须瞬间判断在丛林中遇到的陌生人。祖先们唯一可用的信息就是人的长相。陌生人和他们越像，他们就觉得越安全。这种特质一直延续至今。

在最初的 90 秒内，面试成败就确定了。提前了解组织的着装要求，并着装得体。

　　■ 弄清楚组织在寻找什么。检查广告、职位描述、人员说明、网站，并与你认识的人进行交流。确定了所需的特质和技能后，你可以在面试和选拔过程的其余环节予以证明（请参见理论 11）。

　　■ 如果你感到不舒服和紧张，会引起面试官的注意。放松并微笑（但要笑得自然，不要像一个疯狂的连环杀手），表现出亲和力。需要提醒你的是，最重要的是别人如何看待你，而不是你的感受（请参见理论 11 和 16~19）。

　　■ 人们都想得到他们没有的东西。把面试想象成第一次约会。展示你最好的品质，但要表明你还拥有其他资本。使面试小组相信，你具有其他候选人所没有的独特才能。

　　■ 人们对专业知识印象深刻，尤其是在出其不意的时候。证明这一点的最佳方法是完成与组织相关的功课，并就组织的运作提出一两个探索性问题。

问题反思

　　■ 谁将成为面试小组的成员？我可以从朋友、联系人或互联网/社交媒体（例如，领英）上获取他们的哪些信息？

　　■ 根据我对面试官的了解，我应该强调或者弱化哪些特征？

学以致用（2）——影响你的老板

　　■ 你也可以对老板使用上面列出的影响力来源。但是你需要改变自己的策略，并且要清楚他们可能比你更了解权力和影响力。所以这样做有点微妙。

■ 不要试图模仿你的老板，这样只会惹恼他们。

■ 你的老板会更重视你比其他人表现出色的特定工作或职能。找出这些，并确保你以高标准完成工作。

■ 不要突然向老板提出重大改变或主动行动。让他们知道你正在做的任何事情，并向他们寻求建议，即使你可能不需要，可以将其作为和老板保持沟通的一种方式。

■ 让老板觉得你是无价之宝。高级管理人员通常不喜欢参与细节。确定你老板工作领域的弱项，并成为该问题上的业内专家。用便于理解的语言向你的经理做简报，但绝不要让他们觉得你了解的比他们多。

■ 愿意与老板交换好处，但不要让这成为一条单行线。如果他们想要什么，请确保你会得到一些回报。没有人喜欢马屁精。

■ 多听听你的老板说话，即使你对他们精彩的击球感到厌烦。人们都喜欢对自己感兴趣的人。

■ 愿意接受老板提出的任何好的想法和建议，但要认真评估每个建议。如果你需要对他们的建议提出质疑，请私下以提出一系列可选项的方法进行讨论，而不是直接表现出反对。

问题反思

■ 你与老板有哪些共同的信念、共同的经验、兴趣或特质？如何利用这些优势？

■ 你的老板最欣赏员工的哪些特质？

学以致用（3）——影响你的员工

■ 如果你利用权力强迫团队完成一项任务，他们会说"老板让我们去做"；如果你施加影响力，他们会说"我们做到了"。仅在影响力失败时才行使权力。

■ 与员工建立良好的工作关系，为行使影响力打下基础（请参见理论 7 和 26）。

■ 确定与员工具有的共同经历。这些可能是热爱足球或电影、生活在同一地区、曾去过相似的学校、培训经历等。

■ 对员工的观点和看法表示兴趣，并表扬他们的见解。

■ 让员工参与影响他们的任何决策过程，即使这只是引导他们了解你所遵循的决策过程，并在每个阶段询问他们的意见（请参见理论 26）。

■ 你应该知道是什么激励着你的员工（请参见第三章）。根据此知识以最吸引他们的形式介绍你的案例。

■ 说明他们接受这个想法对你有多重要，以及你给他们的职位有多特别且是独一无二的。

■ 利用你作为专家的任何身份来影响他们的想法。

■ 请记住，如果你提供一个双赢的解决方案，你会取得更大的成功（请参见理论 31 和 92），采取一些符合道德的交易型领导风格使员工不越位（请参见理论 15），或创建一个可以依赖的内部合作关系（请参见理论 20）。

问题反思

■ 我可以对每位员工采用什么杠杆/方法？

■ 我需要添加哪些特定的员工？

权威、权力和影响力理论总结

为什么弗伦奇和雷文的理论被誉为王者理论

很多作家都曾研究过权力的来源，并就此问题长篇大论地进行了描述。他们研究了权力的性质，以及如何获得、保持和失去权力。但是，没有谁像弗伦奇和雷文的表达一样简洁明了。当你可以从各种来源获得权力时，就会产生协同作用。比起其他任何因素，协同作用更能使这一理论名正言顺地成为王者理论。

在日常生活中，大多数英国人都相当缺乏自信。他们不喜欢告诉别人该怎么做或大声发号施令。他们很害怕，如果他们告诉某人该怎么做，另一个人反过来问"谁让你负责的?"，这样的反驳会令人非常尴尬。众所周知，对于大多数英国人来说，社交尴尬比身体伤害更糟糕。因此，人们会犹豫是否要采取控制措施，随着时间的流逝，他们会更难放弃已习得的行为去告诉别人该做什么。

作为管理者，你不能缺乏自信。无论你感觉如何，都要对员工进行管理和指导（请参见理论1和4）。因此，即使这意味着要挑战多年已习得的行为和社交活动，你也必须告诉员工该怎么做。作为管理者，你具有一定程度的传统型和法理型权威，你的雇主和员工都希望你行使该权力。请不要让他们失望。权威和权力如果不加以利用，就会丧失。

第十二章

其他精选理论：管理者各种卓越思想集锦

简介

本章将介绍一些非常出色的理论，每个理论都可以和其他章节的理论相结合。但是，除了前面介绍的那些整齐分类的理论外，我想在结尾部分再介绍一些优秀的理论。为什么？因为管理远不止那些整齐分类的理论。例如，本书讨论了许多关于激励的理论。这是否表示，管理者只能使用其中的一种理论激励员工？答案当然是否定的。你的性格、管理风格、与人沟通的方式以及在计划或管理变更时考虑他们的需求，都会影响员工的动机水平。本章旨在提醒你，从一种理论获得的知识通常可以应用于多种情况，因此请不要在理论之间建起武断的墙。

本章首先介绍帕累托法则，这是一个很好的例子，既证明了一种理论如何在多种情况下应用，又可以帮助管理人员确定应将精力集中在什么地方。其他理论涉及：深层次地了解你以及与你一起工作的员工的性格、如何有效地沟通、如何避免冲突。还有两个理论介绍了组织多元化管理的重要性。

希望你喜欢本章的内容，但是在阅读的过程中不要寻找或期望找到一个单一的主题，简单地说，它并不止一个。

理论 91 帕累托法则（王者理论）

用于确定需要集中精力最大化成果的工作。

帕累托法则可能是管理者可以了解的最有用的单一理论。为什么？因为它可以大大减少管理者的工作量，并且适用于多种情况。

该法则是由意大利经济学家维弗雷多·帕累托（Vilfredo Pareto）提出的。起初，他用它来证明意大利 80% 的财富归 20% 的人所有。质量大师约瑟夫·朱兰（Joseph Juran）（请参见理论 78）偶然读到他的作品，并将其推广应用。

人们很快发现，80/20 分法适用于各种各样的社交和商业环境。例如，一个组织 80% 的销售是由 20% 的客户完成的，一个组织 80% 的劳工问题来自于 20% 的员工。

这种"重要的少数和不重要的大多数"理论并不能精确地衡量任何现象。也可以是 70/30 分法或 90/10 分法。这是一条经验法则，适用于与员工、产品、资源、客户、供应商相关的众多问题，但具体的分类因实例而异。

学以致用

下文列举了一些有关如何使用帕累托法则的案例。

■ 20% 的员工会导致 80% 的人员配置问题。清理这 20%，保留其他员工。

■ 20% 的员工贡献了 80% 的生产力/利润/销售等。给予他们奖励！

■ 20%的客户创造了 80%的销售额。务必为这些优质客户提供最好的服务。

■ 20%的债务方欠了 80%的债务。将收款工作集中在这些客户上。

■ 80%的投诉来自 20%的客户。找出特定客户的具体问题并加以解决（请参见第十章）。通常情况下，你能够解决问题，虽然客户通常是对的，但有些客户却不值得这么麻烦。

■ 组织 80%的支出占预算项目的 20%。你需要密切关注这些大型成本中心，并找出节省空间。

■ 80%的收入来自 20%的产品。你要防止对少数产品的过度依赖。你未来的生存取决于此。

问题反思

■ 我当下可以使用该理论的三个领域是什么？

■ 我能为哪些 20%的工作带来最大的价值？

理论 92 托马斯和齐曼的冲突解决模型

用于了解和处理团队中的冲突。

肯尼斯·托马斯（Kenneth Thomas）和拉尔夫·齐曼（Ralph Kilmann）共同确定了解决冲突的五种方法。他们根据冲突各方所显示的自信与合作程度描述了这五种方法。

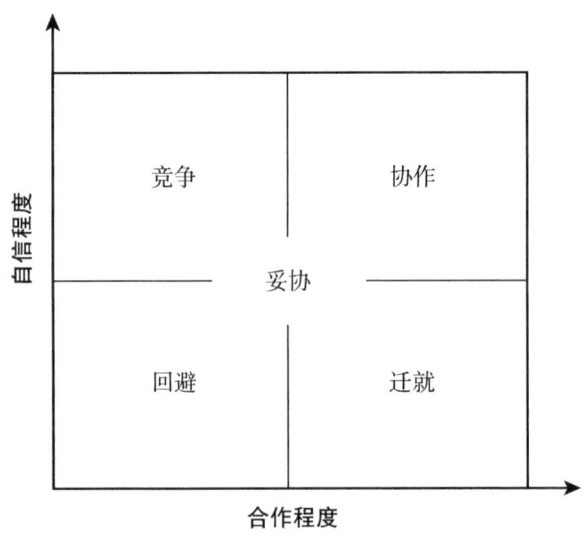

来源：Adapted from 'conflict and conflict Management' by Kenneth thomas in *Handbook of Industrial and Organizational Psychology*, edited by Marvin d. dunnette，p. 900，1976. Adapted with permission.

协作需要各方的高度自信和高度合作。这种方法在于尽力使所有人都满意。

迁就涉及低度自信和高度合作。这种方法表明一方愿意以牺牲自己的利益为代价来满足另一方的需求。

妥协需要适度的自信与合作，并尽量确保各方至少部分满意。

竞争导致高度自信和低度合作，旨在确保一个人以牺牲其他所有人的利益为代价获胜。

回避导致自信与合作不足，旨在避免冲突，这意味着任何一方都不会感到满意。

托马斯和齐曼认为，一旦人们了解了这些分类，就可以选择最合适的方法来应对各种新情况。

学以致用

■ 在工作中，冲突和分歧普遍存在。那么我们如何避免呢？这是第一个困境。冲突发生时，不要回避，而是要解决它。如果你在冲突发生时解决它，就可以消除将来发生冲突的隐患。

■ 首先确定你的固有姿态，即你对冲突的本能反应。关于这一点，没有合适的调查问卷可以帮到你。因此，请思考一下最近你是如何处理冲突的。诚实评估你的本能反应。

■ 了解本能反应后，用冷静和尊重的态度对待每种新发生的情况。礼貌待人，认真聆听（请参见理论 7）。尽量分开考虑问题和人。不要因为他们的反应与你不同，就觉得他们是激进的或消极的。

■ 陈述事实，找到双方都可以接受的解决办法。然后，探索适合你的各种选择。设定一些你们都同意的目标，并朝着目标努力。随着工作的推进，彼此之间会建立相互信任和理解。这将有可能解决一直没有处理掉的问题。

■ 即使在朋友之间，合理的意见分歧也可能升级为全面的争论和严重的争吵。为避免这种情况，请保持非对抗的态度，专注于问题而非个人。

问题反思

■ 面对冲突时，我是否过于软弱或过于好斗以至于无法有效地解决问题？

■ 我对管理培训的态度是自信的还是恼怒的？

理论 93　格林德和班德勒的神经语言程序学(NLP)过滤理论

> 用于提醒你，你所说的（传达）和别人听到的（接收）并不总是一样。

约翰·格林德（John Grinder）和理查德·班德勒（Richard Bandler）提出，我们的大脑对事件的感知可能与现实不同。这个动作被称为过滤过程，可以帮助我们形成我们的行为所依据的解释。

我们认为有三个过滤工具（删减、扭曲和一般化）比较重要，因为：

删减可以避免我们的大脑时时刻刻都接受大量感官信息，并删除我们认为不相关的信息。

扭曲可使我们把事件或发现融入到现有的知识框架中。它改变了我们对事件的解释，以适应我们现有的理解程度。

一般化使我们能够根据以往遇到的类似情况做出判断。

学以致用

■ 使用神经语言程序学（Neuro Linguistic Programming，简称 NLP）等交流技巧与他人建立融洽的关系。首先要找到共同点，然后通过使用有效的语言、手势和语调保持良好的融洽关系。

■ 信任是 NLP 的主要支持因素之一，沟通的意义取决于你得到的回应，而不是你要表达的意思。因此，请特别注意如何进行每次沟通。

■ 确定你希望对方在沟通后要做什么。确保结果是你想要的。

■ 尽可能清晰、准确、明白地描述你的信息。

■ 结合使用语言和非语言的方式交流，以强调特殊的要点，例如肢体语言。

■ 寻找能体现对方是否理解你想要表达的意思的线索。

■ 通过你获得的反馈信息，确定你传达的信息是否被他们删减、扭曲或过于一般化。在谈话中纠正这种误解。

■ 如果一开始你没有得到想要的回应，请尝试其他方法。

问题反思

■ 我是否积极倾听员工所说的话？

■ 我是否寻求被理解而不仅仅是被听到？

理论 94　戈尔曼的情商理论

用于增强你的自我认识和对他人的理解。

20 世纪 90 年代，丹尼尔·戈尔曼（Daniel Goleman）在有关情商的著作中推广了一个观点：管理者拥有很高的智商和技能水平是不够的。如果他们想赢得人心，他们还需要有一定的情商。戈尔曼指出管理者取得成功需要培养的五个特征：

自我认识：管理者必须了解自己的情绪状态以及情绪会对他人产生的影响。

同理心：管理者在决策时需要认同并理解他人的感受。

自我管理：管理者必须会控制自己的情绪和冲动，并能够适应不断变化的环境。

社交能力：管理者需要管理人际关系，影响员工并鼓励他们朝着确定的方向前进。

自我激励：管理者必须开发他们自己的内在动机来源，不能依靠外部奖励来激励员工。最终的满足感来自于目标的实现（请参见第三章）。

戈尔曼相信，拥有自我认识和对他人的理解可以使一个人成为更好的人和更好的管理者。

学以致用

■ 在线完成调查问卷，确定你的情商。自我认识至关重要，因此在此过程中要诚实作答。

■ 写反思日记。并不一定采用佩皮斯（Pepysesque）日记的格式。只需记下当天发生的关键事件：你做了什么、为什么做、对你和他人有什么影响。然后，回顾发生的经过，并考虑如何以不同的方式做得更好。

■ 试着从他人的角度看待问题。这并不意味着你必须遵循他们的路线，甚至同意他们的观点。但是，试着用同理心理解他人，明白人们有权表达自己的观点和信念，这样就奠定了有效对话的基础。

■ 花时间专心倾听别人的观点，控制自己的冲动，不要急于做出仓促或情绪化的决定。永远不要以"如果我是你……""因为你不是我"等言辞开始说话。

■ 有时候你会觉得无法妥协。这可能取决于你自己的原则和信念。要认识到其他人也可能对某个问题有深刻的信念。如果他们也拒绝妥协，不要沮丧或生气。保持冷静，根据他们的观点重新审视你的价值观，找到双方都能接受的解决方案。

问题反思

■ 我是否认为在工作中拥有高情商是重要的？

■ 如果我认为这很重要，那么我真的了解或使用了多少？

理论 95　博伊德的 **OODA** 决策循环理论

用于提高你的决策能力。

约翰·博伊德（John Boyd）是美国空军上校，他开发了 OODA 模型，作为空中作战的决策工具。该模型很快被其他领域的管理者采用。

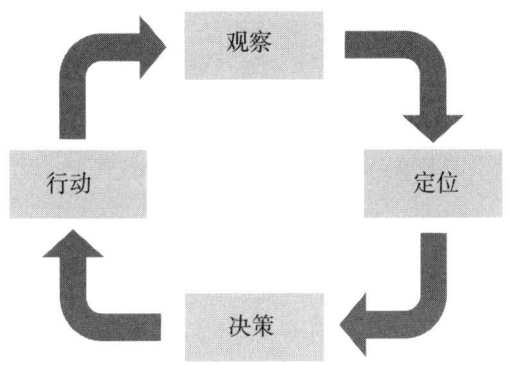

来源：Adapted from clayton，M.，*Management Models Pocket Book*（Management Pocket Books，2009）。

观察： 从尽可能多的来源收集最新信息。但是请记住，所有决策都基于不完整的信息。

定位： 确定数据的含义。结合分析和直觉反应，来更新对所发生事情的理解。

决策： 确定需要采取什么措施才能获得最佳结果。

行动： 按照你的决策付诸行动。

该模型是循环的，要求管理者评估行动结果，并重复定位、决策和行动阶段，直到得到期望的结果。博伊德重点强调不要以静态的方式使用该模型，而是将其作为一个动态的、快速的、反应性的模型使用。他认为，越快完成该模型的各个环节，获得正面结果的可能性就越大。

学以致用

■ 与空战不同，商场中很少需要做出即时决策。因此，使用博伊德的决策循环时可忽略速度问题。

■ 首先确定你面临的任何机会或威胁。也许你眼前正有一个例子，或者你可以通过 SWOT 分析法来确定（请参见理论 67）。尽可能多地收集有关该问题的信息，但要注意收益递减的规律。

■ 请记住，无论你的数据有多准确，它总是不完整的，你的大脑会进一步过滤这些信息（请参见理论 93）。

■ 当尝试了解情况时，不要担心使用你的直觉。这不是猜测。直觉或隐性知识是既往经验和学习的结果，深藏在你的潜意识中，直到你需要的时候才想起来（请参见"如何充分利用本书"）。

■ 要认识到，你所做的任何决定实际上都只是你在某一特定时刻对什么是正确的最佳猜测。重复 OODA 循环，不断完善你的决策和后续操作，直到你对结果满意为止。

■ 在对重要的事情使用 OODA 循环之前，请在安全的环境中测试该理论的可用性。

问题反思

■ 我认为做决策很困难吗？我是否考虑了所有可用信息，还是根据本能反应做出决策？

■ 我需要改变决策方式吗？

理论 96 勒夫和英格拉姆的乔哈里视窗

用于了解自我发现和共享发现对增进理解和信任的重要性。

20 世纪 50 年代，两位心理学家——乔瑟夫·勒夫（Joseph Luft）和哈里·英格拉姆（Harry Ingram），提出了用于征求意见并获得反馈的模型。该模型是一个 2×2 的网格，横轴线表示一个人对自己的了解，纵轴线表示其他人对自己的了解。通过绘制自我认识和他人所掌握的知识的水平，人们可以更好地了解自己的个性以及他人如何看待自己。

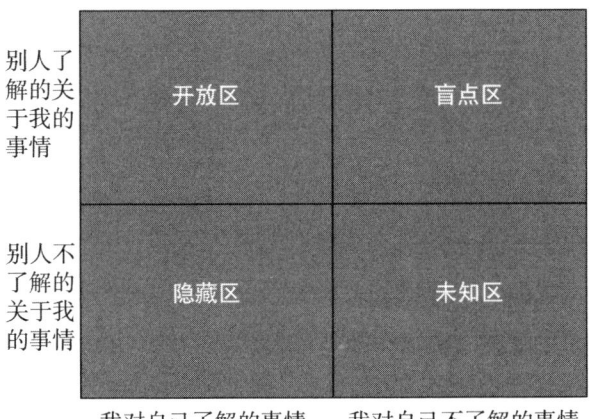

勒夫和英格拉姆设计了一个性格测试，测试者能够评估对自己的了解程度，并将其与同伴对自己的了解建立联系。在网格上找到答案对应的位置，从而形成一个窗户框架（通常有一个占优势的窗格）。

学以致用

■ 使用该模型分析你在提供和接受反馈方面的表现。首先构建自己的窗户框架。可以使用勒夫和英格拉姆的性格测试，或在许多替代测试中任选一种。

■ 检查好的、坏的和丑的。开放区窗格越大，你与团队成员之间的沟通、理解和信任程度就越高。

■ 如果开放区窗格不是最大的，那就采取行动来增加其尺寸，与其他人更开诚布公地讨论你的想法，征求他们的反馈。

■ 你还可以通过减小其他窗格的大小来增加开放区窗格的大小。请切记，你无法有意识地改变自己不知道的东西，因此要通过给予和接受反馈来进行自我发现和共享发现，以此来提高开放性、理解力和信任度。

问题反思

■ 阻止我与团队其他成员分享想法的原因是什么？

■ 团队成员与我谈论他们自己时有多开放？

理论 97　SMART 目标

利用这个简单的工具帮助你和你的员工步入正轨，并按时完成任务。

SMART 是多个单词的首字母缩写，描述了个人、团队或组织的目标设置。虽然很难找到开发此工具的人，但许多引用都来自乔治·多兰（George Doran）1981 年 11 月在《管理评论》（*Management Review*）上发表的一篇文章，这是该术语最早的出处。

虽然对于五个字母分别代表什么没有达成明确的共识，但以下是最常见的解释。

具体的（Specific）：目标是清楚、明确的。

可衡量的：（Measurable）有一个标准可以用来跟踪进度。

可实现的：（Achievable）目标是可行的。

切合实际的：（Realistic）目标与组织相关，并且可以利用组织当前的资源来实现。

有时限的：（Timely）有完成工作的时间表。

近年来，人们已经扩展了 SMART 缩写词所涵盖的内容，增加了 Exciting（使目标具有挑战性）和 Rewarding（承认每个人的贡献），从而产生了 SMARTER 目标。

学以致用

■ 首先，确保每个人都有清楚、明确的目标。含糊不清的目标会产生歧义和误解。了解大家的目标是什么，并纠正任何误解。

■ 你完全确定每个人都清楚自己需要做什么之后，设计一个监督系统，用于跟踪进度并确定何时达到里程碑。

■ 虽然你想要扩展和挑战自己和团队，但你必须确定结果是可以实现的。因为连续不断的失败会更让人失去动力。

■ 确保为自己和团队设置的目标与组织目标保持一致。如果不这样做，你很可能无法得到强大的支持力量。

■ 为里程碑中的每个任务/目标设定完成期限，增强适当的紧迫感。

■ 认识到 SMART 目标设置方法是你工具箱中最简单但用途最广的工具之一；这有点像人们购买多功能刀具，然后发现买到了一个必不可少的东西。你可以将其用于多种活动，包括战略计划、项目管理、设定团队目标、绩效评估。其强大之处在于，它可以使你专注于结果，而不是活动/过程。

问题反思

■ 我多久衡量一次实现目标的进度？

■ 如果没有达到里程碑，我该怎么办？

理论 98 科斯塔和克里克的批判性朋友理论

用于出于善意想质疑或批评某人。

亚瑟·科斯塔（Arthur Costa）和贝娜·克里克（Bena Kellick）认为"批判性朋友"（Critical Friend）是值得信赖的人，他会提出具有争论性的问题，会就某人面临的问题提供不同的观点，并会出于好意批评他们的行为。他们通过下图概括了批判性朋友与个人互动的过程：

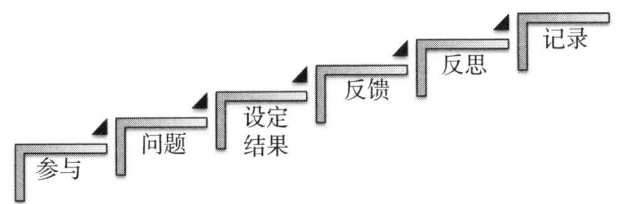

该过程中的要素可以概括为：

参与：个人总结问题并向批判性朋友寻求反馈。

问题：批判性朋友提问，以理解问题的根本原因并弄清问题发生的背景。

设定结果：个人为互动设定预期结果，从而确保一切在可控范围内。

反馈：批判性朋友会就问题中的重要方面提供反馈。这种反馈不应该只是粗略地看待问题，而是提供有助于解决问题的可选观点。

反思：双方对所讨论的内容进行反思。

记录：个人记录他们对所述观点和建议的看法。批判性朋友会记录他给出的建议，并记下他们需要采取的后续行动。

科斯塔和克里克认为，管理者作为批判性朋友是一个非常有力的想法，或许是因为它包含着一种内在的张力：朋友给予高度的无条件的积极关注，而批判者可能是消极的并且不容失败。他们把理想描述为无条件支持和无条件批判的结合。在这方面，与本书所讲述的两种教练技术相比，这是一种不太正式的方法（请参见第四章）。

学以致用

下列技巧可以帮助你成为出色的批判性朋友：

■ 不要因为你与他人的友谊而对他们所面临的实际问题产生误解。过分强调友谊可能会影响交换深入和批判性观点的需求。

■ 同情他们的困境将使你一无所获，甚至可能对提出解决方案产生不利影响。目的是通过引入不同的观点和新鲜的见解来激发发散性思维。

■ 清楚了解关系中存在的边界，并设定明确的目标，确定谁做什么以及何时完成。

■ 确保定期检查目标进度。提出真诚且批判性的反馈，并愿意接受他们真诚且批判性的反馈。

■ 反思关系的性质和适当性，并询问是否需要修改。批判性朋友模式是一种基于相互尊重、愿意提出质疑和挑战的职业行为。如果你觉得作为管理者，你无法建立这种关系，请采用更常规的做法。

问题反思

■ 我如何确定自己作为管理者的角色与作为批判性朋友的角色之间是否存在明显区别？

■ 我是否以真诚和建设性的态度给予和寻求反馈？

理论 99　肯德拉和富乐顿的管理马赛克理论

用于制定适合组织多样性管理的使命宣言。

若闻得·肯德拉（Rajvinder Kandola）和约翰娜·富乐顿（Johanna Fullerton）认为，支持多样性的基本原则是接受和尊重。这需要理解每个人都是独一无二的，要尊重个体差异。这些差异可能与残疾、种族、性别、民族、宗教或政治信仰、性取向或社会经济地位有关，需要在一个安全、积极和支持性的环境中探索。它不是简单的容忍，而是要拥抱并赞美团队的多样性。肯德拉和富乐顿将这种情况比作马赛克（MOSAIC），组织由许多块玻璃组成，每块玻璃都有自己独有的个性和特征。

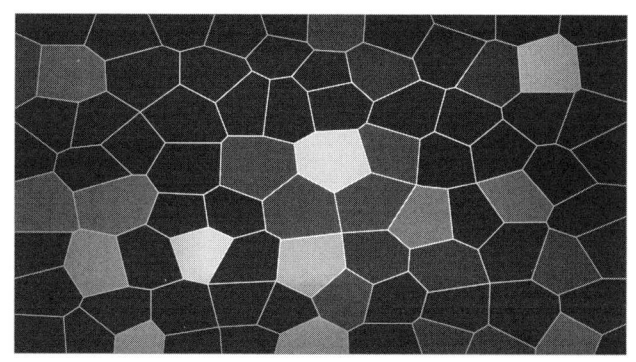

与马赛克相似的是，每个单独的部分都是被认可、被接受的，并在整个结构中占有一席之地。

肯德拉和富乐顿认为有效管理马赛克（MOSAIC）是基于使命宣言的：

管理层对开发……的承诺。（**M**anagement commitment……）

员工对组织未来的构想和……（Organisational vision……）

与所有主要利益相关者共享愿景。它还需要……（Sharing……）

通过……评估和回应每个人的需求。（Assessing……）

个人专注和有效的……（Individual focusing……）

沟通。（Communication）

肯德拉和富乐顿强调了对组织的需求进行审查的重要性，这种审查可以确定潜在偏见的来源，以及组织的文化、结构和流程可能公开或潜在地歧视个人的方式。他们还认为，通过短期的意识培训来解决歧视问题，不仅可能会进一步加深刻板印象，而且还可能会产生取代旧有刻板印象的新的、更强大的刻板印象。

学以致用

多样性管理是一个旨在创建和维持积极的工作环境的过程。在这样的环境中，个人的异同受到重视，所有人都能发挥其潜能，并最大限度地为实现组织的战略目标做出贡献。要有效地做到这一点，需要：

■ 在多样性管理方面要有一个清晰的愿景，并清楚这很重要的原因。

■ 确保你对愿景的承诺是可见的、积极的和不断推进的过程。

■ 在激励员工集中精力努力实现组织愿景方面发挥重要作用。

■ 确保启动、协调和监控所有涉及多样性管理的计划。

■ 提供足够的支持资源。

■ 处理对愿景的反对意见。被边缘化的群体可能担心：这种愿景会不会导致自己所在群体的利益失去关注和承诺。

■ 请勿通过简短的员工培训来解决对多样性管理的反对意见。

多样性管理方式，不会因为员工在任何群体中的身份而对他们做出肤浅的假设，这对组织在招聘、保留员工以及从员工中获得最大益处等方面具有很大的帮助。

问题反思

■ 我对这个问题的承诺足够明确吗？

■ 我能清晰、坚定地表达自己的看法吗？

理论 100 卡姆哈和曼菲蒂论平等性和多样性管理

用于开发一种整体方法来管理组织的平等性和多样性。

萨维塔·卡姆哈（Savita Kumra）教授和西蒙内塔·曼菲蒂（Simonetta Manfredi）教授认为，有效管理工作中的平等性和多样性对组织至关重要。他们认为：

管理工作与生活平衡的重心已经从工作与家庭问题转向更具包容性的工作与生活平衡的理念，有助于所有员工将带薪工作与个人生活结合起来。

员工宗教权利对就业实践的影响引起了工作中关于宗教信仰自由以及无宗教信仰自由的辩论和兴趣。

引入防止年龄歧视的保护措施是更广泛的战略组成部分，以便延长工作寿命。

尽管研究表明，职场中女性人数显著增加，但在其所选职业中担任管理或行政职务的女性人数却没有相应增加。

人们通常对进入英国的移民人数及其对社会的贡献不足存在误解。雇用受保护类人员（例如残疾人）的配额制度无法真正保护要保护的个体。

卡姆哈和曼菲蒂声称，管理者越了解组织内部的多样性以及有助于理解这一点的关键理论方法，就越有能力以连贯和合理的方式做出反应和回应。

学以致用

卡姆哈和曼菲蒂认为，他们对平等性和多样性的观点成为管理者必将考虑的论点，以便使他们的劳动力需求与现有资源保持一致。要做到这一点，你需要：

■ 考虑何种弹性工作安排可以消除公司整体的灵活性与员工灵活性之间的矛盾。例如，如何缩短员工的工作时间，使其能在较短的时间内达到总工作小时数，而又不损失任何收入。

■ 允许在工作场所中进行宗教活动的同时，确保个人不受其他员工和服务使用者的宗教利益的影响。

■ 创建一个无关乎实际年龄、重点完全放在员工职业能力与才能上的工作环境。

■ 检查组织中存在的性别歧视政治，这可能会妨碍女性晋升到高级职位。如果你发现组织中的女性待遇不如男性好，那么请采取一些措施。

■ 不要根据某人被认为是任何种族或残疾群体的肤浅想法而猜测他/她是什么样的人，也不要试图通过简短的意识培训课程来解决由此产生的问题。

如果上述任何问题未得到解决，都有可能因为不遵守现行法律而被起诉，造成不良的公共关系或客户流失。

问题反思

■ 与受保护群体打交道时，我对自己的法律和/或道德义务有多少把握？

■ 我是否对别人有成见？

理论 101 彼得和赫尔的彼得原理

用于对待那些正考虑晋升的人员。

劳伦斯·彼得（Lawrence Peter）和雷蒙德·赫尔（Raymond Hull）提出了以下原理：将人们提升到一个发挥其最高能力水平的职位，之后再进一步提升到超越此水平的职位，他们会变得不能胜任。可以将其描述为：

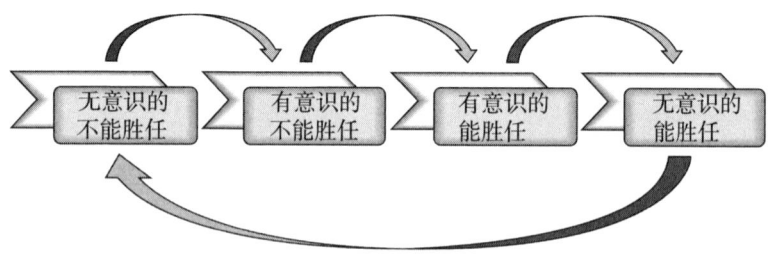

彼得原理的分级如下：

无意识的不能胜任：某人不知道如何做某事，但完全没有意识到自己不知道做此事的事实。

有意识的不能胜任：现在他们知道自己需要做什么，并开始意识到自己能力上的差距。

有意识的能胜任：他们目前能够做他们需要做的事情，但必须费尽心思和努力。

无意识的能胜任：他们最终能够轻松地发挥某种能力，而不需要费尽心思或努力。

无意识的不能胜任：做事不经过思考或努力的危险是，可能会出现自满情绪，并导致回到刚开始的级别。

彼得和赫尔认为，该原理的价值在于，有助于管理者理解为什么员工可能会达到并停留在某个级别，或者达到其最高级别后因自满又回到较低级别。

学以致用

人们普遍认为选择晋升候选人应基于其当前职位的表现，而不是其与预期职位相关的能力，而该理论的有用之处就在于它挑战了这一信念。以下是应用彼得原理的六个方法：

■ 不要陷入思维陷阱：根据某人在当前职位上表现出的能力来认定他们能胜任更高层次的职位。

■ 将个人能力与工作要求相匹配。你首要考虑的应该是分析某人是否具有胜任新职位所需要的技能。

■ 和员工谈谈他们对更高职位的职业期望和兴趣。这将有助于分析他们希望自己达到什么水平，以及他们是否对目前的职位感到满意。这样他们就不会被迫去做他们不喜欢做的事情。

■ 要意识到，并不是非要提拔那些在现有职位上表现出色的员工。有时，你可以通过其他激励措施来奖励他们的努力工作，而无需对他们的职责做出重大调整。

■ 不要害怕降职或解雇已经不能胜任工作的员工。这听起来可能有些残酷，但结果可能是双赢的，因为不能胜任当前工作的员工也有可能渴望获得一个新机会，从而回到他们曾经做得很好的职位上（前提是采取一种保全员工面子的方法）。

■ 如果你提升了某位员工，但发现该员工无法胜任那个职位，为其提供额外的培训、指导或让其跟随有能力的员工可能会帮助他们获得胜任能力。

问题反思

■ 我是否准确地识别出某人在当前工作中表现出的哪些因素使其有能力得到晋升？

■ 我是否考虑过他们有哪些弱点需要克服以胜任其未来的职位？

其他精选理论总结

为什么帕累托法则被誉为王者理论

　　管理者都很忙碌。如果你是一位管理者，任何能够帮助你节省时间、快速识别和获取关键信息的理论，其价值必然胜过一颗红宝石。

　　该理论适用于多种情况。例如：2012 年《福布斯》美国富豪榜显示，美国前 400 位富豪的财富相当于美国国内生产总值的 12.5%。这意味着大约 0.000001% 的美国人拥有美国一年所创造的财富的 12.5%。根据这一数据，可以肯定的是，美国至少 80% 的财富掌握在 20% 的人手中。

　　但是，不要盲目地认为只有财务目标才是重要的。正如本杰明·迪斯雷利（Benjamin Disraeli）所说，"现实中糟糕透顶的谎言和统计数据并存"。因为企业中最重要的信息往往无法简单地用电子表格中的数字来体现。

最终胜出的"管理之王"理论

女士们，先生们，现在介绍唯一一个胜出的真正的"管理之王"理论——帕累托法则。

不幸的是，维弗雷多·帕累托不能和我们一起接受他的荣誉。考虑到他的缺席，我们认为有必要对我们所作的选择给予解释。管理者比其他任何人都缺乏的一种东西是时间。任何可以节省时间并有助于你将努力引向其可以产生最大影响的地方的理论注定成为赢家。

帕累托法则从许多不重要的问题中区分出重要的问题。它帮助你注意到那些引起大部分问题的少数流程和人员，找出造成问题的20%的原因，并帮助你快速形成待办事项清单。

帕累托还指出根据积极因素决定将精力投入到哪里。通过该理论来确定产生80%销售量的20%的产品。此信息可以指导你做出稀缺资源分配的有关决定。可以确定为你产生80%收入的20%的客户。这些客户是你永远不想失去的。帕累托还可以帮助你确定20%的员工——团队中那些真正的明星，以及应该得到认可和奖励的员工。

帕累托法则相当出色的优势是其简单性，多年来已经表明它可以应用于几乎任何情况中，是真正的万能理论。当然，分割可能不完全是80/20，但是会在相近的范围中。可以在多种问题上尝试使用该理论，用实践证明该比率的普遍性。

结语

你是完整阅读本书的 20% 的人之一吗？或者你是读过本书 20% 内容的 80% 的人之一吗？无论是哪种，我们都希望你在其中找到有用的东西。但是本书真正想要告诉你有关管理的什么信息呢？

撰写本书时，我们确定了 7 个似乎在不断出现的关键主题。它们概括了我们所认为的管理的全部内容。这些主题包括：

1. 每位管理者必须忠于自己的本心。但是，弄清楚自己的本心并非易事。我们一直在和自己玩游戏，并把高尚的动机归因于卑劣的行为，以便晚上能睡个好觉。最好的管理者明确知道自己是谁，代表什么。如果你想发现自己的本心，就要进行深入的思考。

2. 管理者需要了解自己的员工：是什么让他们工作；他们的优点和缺点是什么；是什么激励了他们；他们的兴趣是什么。如果一个经理不了解他的员工，那就是在盲目地运营！

3. 管理者和员工必须相互信任和尊重。信任和尊重不是要求就可以得到的，双方必须通过努力才能获得。作为管理者，你赢得员工信任和尊重的最快方式是证明你不会为了摆脱困境或实现个人目标而牺牲任何员工的利益。

4. 管理者和员工需要有一个共同努力的目标。有些人可能将其称为愿景。我认为这是一个目标。目标给人们除谋生之外可以早上起床去上班的一个理由。这就是当其他人都回家之后，他们还能继续工作的原因——即使没有加班费。

5. 人们需要相信自己的工作有意义并且得到认可。而常见的现象是，当他们失败时，他们收到的唯一反馈是责怪。只要得到积极的反馈，你就可以看到员工得到成长和发展。

6. 实现个人目标是很棒的事情，尤其是一个你为之奋斗多年的目标。但令人沮丧的是，没有人能真正欣赏你所取得的成就，因为他们并没有参与其中。这就是为什么团队的成功会给人更大的满足感。你可以与一群真正了解并欣赏你的人分享你成功的喜悦，因为他们是你的战友，和你有相同的感受。

7. 工作固然很重要，但是没有人在临终前说过"我希望我能花更多的时间在办公室工作"。因此，请以合理的态度对待工作。这十分重要，因为我们还要享受生活。如果你不喜欢现在的工作，那就出去找一份既有意义又充满乐趣的工作，即使你不得不减薪。我向你保证，你会收获更甜蜜的生活，并成为更好的管理者。

图书在版编目（ＣＩＰ）数据

101 条权威管理理论 / （英）詹姆斯·麦克格拉斯(James McGrath)，（英）鲍勃·贝茨（Bob Bates）著;杨华译. -- 长沙：湖南科学技术出版社，2021.1
（小书大智慧管理丛书）
ISBN 978-7-5710-0828-4

Ⅰ．①1… Ⅱ．①詹… ②鲍… ③杨… Ⅲ．①管理学 Ⅳ．①C93

中国版本图书馆 CIP 数据核字(2020)第 226535 号

著作权合同登记号：18-2020-057

THE LITTLE BOOK OF BIG MANAGEMENT THEORIES 2e
978-1-292-20062-0 by James McGrath and Bob Bates, Copyright © James McGrath and Bob Bates 2017(print and electronic)
This translation of THE LITTLE BOOK OF BIG MANAGEMENT THEORIES 2e is published by arrangement with Pearson Education Limited.
Simplified Chinese Translation copyright © 2021 by Hunan Science&Technology Press.

小书大智慧管理丛书
101 TIAO QUANWEI GUANLI LILUN

101 条权威管理理论

著　　者：[英]詹姆斯·麦克格拉斯　[英]鲍勃·贝茨
译　　者：杨　华
责任编辑：李　柔
出版发行：湖南科学技术出版社
社　　址：长沙市湘雅路 276 号
　　　　　http://www.hnstp.com
湖南科学技术出版社天猫旗舰店网址：
　　　　　http://hnkjcbs.tmall.com
印　　刷：长沙超峰印刷有限公司
　　　　　（印装质量问题请直接与本厂联系）
厂　　址：宁乡市金州新区泉洲北路 100 号
邮　　编：410600
版　　次：2021 年 1 月第 1 版
印　　次：2021 年 1 月第 1 次印刷
开　　本：880mm×1230mm　1/32
印　　张：9.625
字　　数：220 千字
书　　号：ISBN 978-7-5710-0828-4
定　　价：45.00 元
（版权所有·翻印必究）